人づくり意識革命

科学的文明社会に対応する野外文化教育

森田勇造

三和書籍

人づくり意識革命　目次

2 公教育と生活体験

Ⅲ・科学的文明社会への対応

はじめに

今日、子どもたちの多くは、高度な科学的文明社会の中で、受験戦争と多くの情報や先端技術に追われて孤立化し、家の中に暮らす〝引きこもり現象〟を起こしている。それがいじめや暴力、非行へと向かわせ、非社会的な感覚に埋没させたり、シンナーや麻薬等の誘惑にむしばまれるようになっている。

今、最も大事なことは、子どもたちを家の外に連れ出し、大いに遊ばせる共同生活体験をさせること。二一世紀の最大の課題は心身ともに健全な人づくりだ。

私は、昭和三九年三月に東京農業大学を卒業し、卒業後は〝農家の跡を継ぐ〟と、親との約束を反故にし、第一回の東京オリンピック大会が閉会した直後の、一一月九日に、当時はまだ珍しかった世界一周旅行に、横浜港から船でシンガポールへ向かって出発した。

約三年後の昭和四二年八月一〇日に地球を一周し、四大陸の七二か国を探訪してアメリカのロサンゼルスから横浜港に無事帰国した。

その後、東京都世田谷区下北沢にアパートを借りて世界一周旅行の単行本『これが世界の人間だ』を書こうとしたが、あまりにも多くの様を見聞し、何をどのように書くか悩みに悩んでいた。そんな時

「今の子どもはもやしっ子」という批判報道があった。

帰国してから毎日のように耳にし、目にする「もやしっ子」という言葉に何となく反感と苛立ちを感じていた。それは、自分たちの社会の後継者である子どもたちを、〝もやしっ子〟呼ばわりする大人が、天に唾する行為を他人事のように、平気で行っている思いがしたからだった。

「これは一体どうしたのだろう？」

そんな苛立ちが徐々に高まって落ち着きをなくしていた。

人間も野生の動物も自然と共に生きてきたし、これからも変わりないだろう。どんなに豊かな科学的文明社会になっても、人は自然の恩恵なくしては生きられない。もしそのことを忘れては、社会の安定・継続は望めない。人類が自然と共に生きることによって培ってきた文化の集大成が、私たちの生きる力、知恵であり活力の元なのだ。その生活の知恵が〝生活文化〟であり、生きるための基本的能力でもある。

そんな思いが徐々に高まって、世界中を見て来た自分が、日本のこれからのために、何か役立つことをしなければならないような義務感を覚えた。

「よし、俺が日本の子どもたちを元気な後継者に育てよう」

私は、親の〝農家の跡を継げ〟との命に背いて帰郷しないで、東京に残って自分の役目を得たような気持ちになり、天を仰ぎ、拳を突き上げ、「やるぞー」と叫んだ。

私たちにとって、物質的保障はいつでも誰でもできるが、精神的、心の保障は、青少年時代、特に少年期に人間力を高めておくことが大事だ。しかし、多くの青少年たちはそんなことを知りはしないし、気にもしていないので、知恵ある大人たちが、そのことに気づかせるような機会と場を与えて刺激してやるしかない。

「俺がやらなきゃ誰がやるんだ」

私は帰国以来ずっと考えていた、これから何をすればよいのかの疑問に答えを得たような気がし、世のため人のために努力しようと思う、使命感のような気持ちが高まった。

そして、帰国して三か月後の昭和四二年一一月二五日に、『これが世界の人間だ』を書き上げる前に「日本青年旅行会」という任意団体を、中野区東中野で立ち上げ、活動を始めた。

まず最初にしたのが、日本の若者を海外に送り出すことで、「海外旅行」の情報を雑誌、新聞、ラジオ、テレビ等を通じて伝えた。そして、僅か二年足らずで一〇〇〇人もの若者が集い、二〇〇人近くもの男女を日本から送り出した。

やがて、「農作業体験旅行」や「野外伝承遊び」等を実践したが、青少年の健全育成活動のあり方に不足を感じ、昭和四四年から、長い距離を飲まず食わずで歩く、自己鍛錬事業として「新宿〜青梅43㎞かち歩き大会」を始めた。子どもから老人までの異年齢集団で行うこの過酷な事業は、目的達成感と精神力を培うための自己鍛錬である。

昭和四九年一〇月一一日には、文部省の認可団体、社団法人青少年交友協会を発足させ、三四歳で理事長に就任し、公認の全国的青少年健全育成活動を始めた。それ以来、「グリーンアドベンチャー」や「初詣で歩き大会」「長期滞在型の無人島生活体験」「親子野外生活体験」「生活体験学校」「野外伝承遊び国際大会」「野外伝承遊び国際会議」、そして「生活体験指導者養成講習」「教員免許状更新講習」等の事業を追加し、多岐にわたる異年齢集団の体験活動を通じて行う、社会人準備教育としての野外文化教育を提唱し、研究、啓発、実践してきた。

こうした教育活動が反映して、文部科学省では昭和五九年から〝自然教室〟、六三年から〝自然体験学習〟そして平成元年から〝ふるさと学習〟が始まっており、平成四年からは学校教育に〝生活科〟と〝学校週五日制〟が導入されることになった。

これからの都市文明社会でゆとりある豊かな生活をするためには、まず第一に、心身が健康で、困難に打ち克つ忍耐力が必要。第二は、社会的義務と責任を果たすことができ、自分で考えて行動する活力、想像力を身につけていること。第三は、情報知とも言える高度な知識や技術を身につけた冒険的（チャレンジ）精神の旺盛なことが必要。

社会に適応する基本的能力には、①知恵、②知識・技能、③体力などの三要素がある。知恵には、習慣的能力と呼ばれる〝しつけ〟と、精神的能力と呼ばれる〝素養〟が必要。

しつけは、主に家庭によってなされるものであり、素養は、主に地域社会において異年齢集団による共同体験によって培われるものである。知識や技能は学校で身につけるものであり、体力は主に地域社会と学校によって培われるものである。

体力には、走る、跳ぶ、投げる、打つ等の動作を複合した運動ができる行動体力と、外界の変化、刺激等に適応し、ストレスに耐える防衛体力がある。

近代的な文明病ともいわれる不健康状態の最大要因である、ストレスを起こさせる原因は、①物理的要因（暑さ、寒さ、湿度、直射日光等）、②生物的要因（細菌感染、寄生虫）、③生理的要因（精神的苦痛、睡眠不足、飢餓、疲労等）がある。

防衛体力が弱いと、アレルギーや気管支炎、じんましん等が起こりやすいし、貧血気味で風邪をひきやすく、しかも暴力的になりやすい。

厚生労働省の調査によると、日本人の三人に一人はアレルギー症状に悩んでいるし、都市部では一四歳以下の子どものアレルギー率は、四割にも達するそうだ。

学校では風邪やアレルギー等による遅刻、早退、欠席が多く、登校拒否等も年々増加している。また、程度を越えたいじめや暴力、引きこもり等も多くなり、朝礼などで十分間直立していられない児童、生徒が多くなっている。

私は、昭和四二年に自分たちの後継者を〝もやしっ子〟呼ばわりしていた、当時の日本の社会現象から二、三〇年後の未来を洞察し、このような結果になるのではと危惧して、精神力と防衛体力を培うことを中心に考え、社会の健全な後継者を育成する人づくりを、半世紀以上も啓発・実践してきた。

私は、国内で青少年教育活動をすると共に、世界一四二か国を探訪し、特に中央アジアから東の各民族を、「日本の民族的・文化的源流を求めて」のテーマで踏査し、視野を広め、五七冊の著書を出版した。そして、国立青少年教育施設の所長や国立大学の客員教授をもしてきた。

これまでの活動の報告書や調査・研究に関する著書を百冊以上出版している。そして、平成一三年六月には、「野外文化教育の体系化に関する研究」で学術博士を取得し、平成二四年春には旭日双光章の叙勲を受けた。

令和元（平成三一）年三月一七日には、昭和四四年一二月から毎年二回継続していた、「新宿〜青梅43㎞かち歩き大会」の第一〇〇回大会を開催し、合計二〇万人もの参加者を集めて無事終了させた。

東京で始まった「かち歩き大会」は、その後全国十五か所と、中国の北京でも二四年間開催し、これまでの総参加人数は五〇万人以上で、しかも無事故であった。

昭和四二年一一月以来、令和四年までの五五年間、野外文化教育を通じての青少年教育活動に精一杯の努力と工夫をこらして来た。日本の青少年教育活動には多少なりとも影響したものと自負している。私が提唱した野外文化教育の理念が、これからのＩＴやＡＩ等の科学的文明社会に受け入れられ、評価を受けることを期待している。

令和四年六月末で、公益社団法人青少年交友協会の活動を停止し、閉会するに当たり、機関誌「野外文化」等に、昭和四九年以来、毎号掲載してきた巻頭文の中から、これからにも適用すると思われる、社会の後継者づくりとしての青少年教育に関するものを選り出して、「人づくり意識革命」として、一冊にまとめてみた。これからの〝人づくり〟に役立つことを切望する。

尚、各項目の掲載誌や出版年月日については、巻末の一覧表をご覧いただきたい。

令和四年四月一五日

森田　勇造

Ⅰ・人づくり意識革命

1　新しい社会人準備教育

人間の本質が変わらない限りいかに文明が進歩しようと、野外文化活動は、社会生活を営む構成員の基本的な能力を育むために必要なことであり、人間の絆を培うものである。

(1) 青少年教育と野外文化

1．青少年教育のねらい

高等な文明的社会における青少年教育は、人類の共通課題であるが、その困難な大事業を成功裡になしえた民族または国家はまだ存在していない。私は、ここに二一世紀に向かっての〝人づくり〟、すなわち青少年教育問題に対するヒントとして、野外文化の重要性を提唱するのである。

戦後の教育は、人間性や社会性よりも、個人の知識や技能を培うことを中心になされてきた傾向が強かった。高まいな教育理想論によって学校教育が知識偏重になされてきたため、どうしても手段や方法に目が奪われ、健全な社会人の育成という狙いを失いがちであった。

青少年教育といった場合は、学校教育だけでなく、家庭教育や社会教育をも含めていうのだが、戦後は学校教育だけが重視されがちであった。最も重要なのは、親が体験したことを子どもに伝えることなのだが、それすらも忘れがちであった。そのため、青少年の健全育成が、学校中心に考えられ、社会性や人間性を培うにも学問的世界の知識論が普及し、社会人としての通過儀礼的行事が無視されがちであった。

青少年の健全育成の目的は、個人の知識や技能を高めると同時に、社会人として、誰かと共に生きる基本的能力の養成が重要である。学校教育制度がなかった時代は、社会人になるための健全育成が主であった。

戦後の教育ではあまり重要視されていない社会人として生きる基本的能力には、習慣的なものと精神的なものがある。習慣的能力とは衣服、食物、言語、清潔や安全等についての知恵である。これは人生の初段階から必要な素養で、一般的に家庭でその基礎が培われる〝しつけ〟のことである。

精神的能力とは思いやり、親切、忍耐、正直、意欲、義務、責任、情操等であり、地域社会によって育まれる文化で、一般的に自然とのかかわりや二人以上の共同体験、祭りや年中行事等によって培われる〝素養〟のことである。

今日の日本の教育に欠けているのは、この基本的能力の養成ではないだろうか。そこで、生きる基本的能力を育むに最も効果的である野外文化の習得活動が必要になってくる。いかに高等な文明的社会に発展しても、社会人としての基本的能力を培う青少年教育をいいかげんにすれば、明るく豊かな社会は約束されない。

2．野外文化とは

ここにいう〝野外〟とは、家と素朴な自然との間にある大地を総称する言葉で、屋内とか屋外をもって表現する文明的な概念ではない。それは、人間が自然と共に生きる野生的な世界であり、屋外の大地を意味する言葉として使用するものである。

また、野外文化といった場合の〝文化〟とは、社会人に必要な基本的な行動と心理状態のことであり、文化人類学的な表現をするならば、社会の成員に共通した行動や生活の様式を指している。一般的に文化と呼ばれる伝統的なものには、社会の表層と基層をなす二種がある。芸能、音楽、美術、文学等の表層文化は、個人的かつ流動的である。これらは人類に共通した感性によって培われて発展し、生活に潤いをもたらすものとされている。

衣、食、住、言葉、風習、心身の鍛錬等の基層文化は、自然環境に順応して社会生活を営むための基本であるので、地域性が強く、親から子、子から孫へと伝承されがちなものである。これらを共有しないと、意志伝達が十分でなく、社会の一員になり難い。

人類は自然に順応して生きるために、古代より心身を鍛錬すると共に、自分に都合のよい環境をつくる努力と工夫を続けてきた。人間も自然の一部ではあるが、工夫の加えられていない状態を大自然とするならば、都合のよいように工夫されている状態を小自然と表現することができる。とするならば、文明とは、都合のよい小自然をつくる手段のことであり、文化とは、大自然に順応するための心身を鍛錬する方法のことであるといえる。そして、文明は比較し、画一化することが可能であるが、文化は比較したり、画一化したりすることが大変困難である。

このように考えてみると、ここに提唱する〝野外文化〟とは、大自然と共に生きるために心身を鍛錬する方法や手段とその行動の結果として生み出される心理状態（知識、態度、価値観）を意味する言葉であり、生きる基本的能力のことなのである。

小自然は、文明の利器によってますます快適な環境となり、人間の心身の機能を衰退させがちになるが、大自然は変わることなく、人類にとってやはり厳しい環境である。いかに文明が進歩しても、大自然で生きる能力を育て、維持する努力を続けなくては、自然の一部である人間は、己自身の健康管理が不十分で、精神的な安らぎを得ることができない。

人間の基本的な能力を培う方法ともいえる野外文化は、いかなる文明的社会でも、社会人にとって不可欠な要素であり、学習して身につける知恵でもある。しかも、身につけばつくほど、教養を高めることができ、心身の解放が容易になる理念的なものでもある。

文明が高度に発展すればするほど、社会が複雑化し、人間の心身の機能が損なわれやすくなることは、すでに多くの人々が指摘していることであるが、文明の発展を否定することはできない。私たちがこれから最も注意しなければならないことは、いかなる社会環境でも、人間らしく生きる知恵、すなわち野外文化を幼少年時代から習得し、継続することの重要性である。

以上のことから〝野外文化〟は、文明の発展によって表現される結果的現象に惑わされることなく、文明の利器による変化を認識し、人間本来の生命力の強さを培うための知恵、すなわち、社会人としての基本的能力を意味するものである。

3．野外文化の習得活動

いかなる社会にも、基層文化を伝承する野外でのいろいろな身体活動があるが、それらを体育学的に考慮するよりも、教育人類学的な見解に立って、生活文化伝承の機会と場であり、情感を育み、身体を育成するための知恵とした方が、納得しやすい。

そこで、私は、野外文化の習得活動を〝野外文化活動〟と呼び、野外文化活動を通じて行う青少年教育を〝野外文化教育〟と呼ぶことにした。だから、野外文化活動は野外の文化活動とするものではないし、〝アウトドア・アクティビティ〟の翻訳語である、アメリカ的な野外活動でもない。

これまでの十数年間の実践活動を通して、野外文化活動を次のように定義することにした。

『自然と共に生きる心身を培い、社会生活の基本的な行動や様式を習得するための身体活動』すなわち、自然を理解し、自然を利用し、自然と共に生きる心身を培い、社会にふさわしい常識を身につけるための身体活動のことである。

野外文化活動は、学校教育の始まる以前から、青少年教育として地域社会で続けられていた野外でのいろいろな身体活動そのものであるので、スポーツ的な要素や娯楽的な要素、情操的な要素も含まれている。

例えば、日本においては、祭礼行事の遊びとしての和船競漕、綱引き、力比べ、草相撲、みこしかつぎ、盆踊り、どんど焼き、たこ揚げ、鬼ごっこ等や、山登り、木登り、竹馬、石投げ、石けり、羽根つき、まりつき、合戦、遠泳、草や水遊び、その他山菜採り、潮干狩り等かある。

これらは、成人後にも楽しむ遊びであるが、主に青少年時代の基礎体力をつくり、情緒やふるさとを育み、情操を培うための、通過儀礼的な野外文化活動である。しかし、社会的なねらいは変わらなくても、その方法は時代と共に変化するものである。

このように捉える野外文化活動は、日本ではごく当たり前のこととして、研究も改善もされないまま放置されてきた。むしろ、戦後の教育では、古い慣習として国民の十分な理解を得ないままであった。しかし、これらの野外文化活動はいかに文明が進歩しようと、人間の本質が変わらない限り、社会生活を営む構成員の基本的な能力を育むために必要なことであり、青少年の非行化防止になくてはならない人間の絆を培う重要な体験活動である。

（2）野外文化教育のあり方

私たちが使っている「教育」とは、近代的学校教育を意味している。しかし、長い人類史の大半は、近代的学校教育制度はなかった。が、人類は見事に今日まで社会を継続・発展させてきた。

いかなる民族社会にも、古代からの伝統教育と近代的な学校教育がある。日本にも古くから、家庭や地域社会の生活現場で、見習い体験的学習活動の機会と場があった。ところが、学校を中心とする文字や言葉による合理的な教育方法が発達すればするほど、伝統的教育が廃れてきた。その上、昭和四〇年代はテレビが、昭和五〇年代はコンピューター等が発達することによる情報文明によって、それまでのような人間教育のバランスを失って、近代的学校教育にも行き詰まり現象が起こってきた。

そこで、これからの科学的文明社会に対応する少年教育のひとつとして、習慣的な生活文化を伝承する伝統的な体験的学習活動を、人間教育のあり方として再認識し、評価による新しい教育観が必要になってきた。

私が訪ねた世界中のいろいろな民族に、様々な遊びや祭り、年中行事等があった。しかも、それらの多くは、異年齢集団による野外での活動であった。

野外でのいろいろな活動を〝遊び〟と表現すると、限られた範囲になるので、一般的な広い意味で、〝野外文化活動〟と総称する。

野外文化活動の方法や技術は、青少年が体験を通じて覚えるものだが、狙いは時間競争や技術競争ではなく、精神的、肉体的な試練を受け、切磋琢磨し合うことである。

今日、スポーツは時間と技を競い合うことが重視され、レクリエーションと言えば個人的な楽しみを中心に考えられているが、野外文化活動は、異年齢集団の活動によって、人間性を培い、文化の伝承も兼ねた、社会人準備教育のことであり、次のように定義している。

〝野外文化活動とは、野外で二人以上が全身を動かすことによって、精神的、肉体的な試練を受け、お互いに切磋琢磨しながら、豊かな人間性を培うこと〟

日本人として、豊かな人間性を培うには、まず日本語や風俗習慣、文字を習得し、より健全な体力、教養や情操を培うことが必要。

以上のことから、野外文化活動には、スポーツ的要素、レジャー的要素、社会人準備教育的要素が含まれている。

私たち人類が古代からなしてきた社会人準備教育、すなわち青少年教育は、言葉や活字、電子機器等による間接的な理屈によることではなく、日常生活における具体的な直接体験による体得であった。科学的文明社会に対応する少年教育の方法のひとつである体験的学習活動を通じて行う野外文化教育は、科学的、合理的ではないが、古代から続いている最も確実で効果的な人間教育のあり方を、現代的に体系づけたものである。

いろいろな体験活動（野外文化活動）を通じて行う野外文化教育は、昭和四〇年代まではあまりにも当たり前すぎて、その必要性や存在価値が認識されず、教育的評価も学問的体系化もされないままであったが、科学的技術が高度に発達するにつれ、人間の心身が疎外されがちになり、自然と共に生きる人間の野性的機能である〝生きる力〟の向上が叫ばれるようになって、やっとその重要性が認識されるようになった。

日本のように、豊かな科学的文明社会においては、生きるに必要な原始的なことは教えなくなり、進級、進学、就職または働くために必要な知識、技能を教えがちになるが、私たちは、いつの時代にもよりよく生きるために学び、働くのである。

体験活動の目標図

野外文化教育としての体験活動（野外文化活動）の目標は、より良い社会人の育成であり、生きる力を培うことである。だから体験活動はより良い社会人を育成する手段であり、仕掛けであって、目的ではない。

そのことを分かりやすく図解すると、上の図「体験活動の目標」のように表現でき、体験活動を通じていろいろな心理作用を起こさせ、人間力としての生きる力を高めることである。

（3） 野外文化教育への道標

1．民主教育による個人化

日本の民主教育は、幼稚園時代から自主性、積極性、個性等の個人性を重視するもので、どちらかと言えば、知識偏重で、生きる基本的能力や社会性をないがしろにしがちである。

社会は人により、人は教育により、教育は内容によるのだが、日本を安定・継続させるに必要な、生活文化の共通性を促す努力や工夫はあまりしていなかった。その代わり、自由・平等・権利を重視して、好き勝手な個人性を優先させ、まるで王子、王女を育てるように個人化を促した。

その結果、日本を知らない利己的で無責任な人が多くなり、大義を損なって、犯罪、引きこもり、薬物乱用者が多くなり、金権的、刹那的、快楽的な人や自殺者など非社会的現象が多発し、経済的、社会的に不安定状態になっている。

いつの時代にも少年教育は、社会人の根元を培う予防対応なのだが、そのことをなおざりにして、子どもたちの登校拒否やいじめ、巣ごもり、非行、薬物乱用等、枝葉末節の結果的現象に対応する、結果対応になっており、知識偏重による民主教育に行き詰まり現象が見られる。

2．社会と個人

自然は悠久だが人の寿命は長いようで短い。個体は必ず去るが、社会は途切れることなく、川の水が流れるように続く。

社会の継続を信じる者は、「社会のために」という大義を意識し、より良く生きようとするが、大義なき利己的な人は、刹那的、快楽的、金権的になりがちになる。

人間は、自由気ままに生きようとする動物的習性と、他と共に生きようとする理性がある。他と共に生きる社会人には、生きる基本的能力としての生活文化が必要。それは、まず家庭で培われ始め、やがて村や町の小さな地域社会から、市や県などの大きな社会へと広がってゆく。その共通性は民族や国家へと拡大され、今では国際的にも必要になっている。

本来の青少年教育の最大目的は、社会の安定・継続に必要な言葉や文字、風習、生活力、道徳心等の生活文化を身につけさせる、社会の後継者づくりであった。

いつの時代にも、人心が落ち着き、社会が安定・継続するには、個々が生活文化をより良く身につけることが重要である。

3．人は弱く生まれて強く育つ

人は、身を守るための言葉を話すことや二本足で立って歩くことも、食物を手にして食べることもできない、非常に弱い状態で生まれる。社会的人になる可能性を持って生まれた、非社会的、非文化的な動物的人間なので、長きにわたって人に守られ、育てられ、社会人になるための訓練が必要なのである。

人は肉体と神経の作用による精神によって生かされている。肉体は自然に成長するが、精神による心理作用は社会的刺激が必要。

その人は、集団と個が対立するのではなく、いかなる個も集団的規定をなくしては存在し難いので、神経の作用によって認知される文化を共有することが重要である。

人は、生きるための力が他の動物のように遺伝子に組み込まれていないので、生後に模倣と訓練によって、創意工夫する能力を培い、一五歳頃までに生活文化を身につけ、他のいかなる動物よりも、社会的、文化的に強い状態の社会人に育つ。

4．社会化に必要な野外文化教育

私たちは、自分が納得できないことを他人に伝えようとはしない。納得するには、原体験や見習い、見覚えた後に理屈を知る必要がある。

古来伝承されてきた生活文化には、生きるになくてはならない基本的なものと、なくても生きられる感性的なものがある。その基本的な文化で最も重要なのが道徳心だ。

人の心には個人性と集団性が同居し、絶えずせめぎ合っているが、社会人には集団性の道徳心が強く求められている。

社会人に必要な社会的危機管理能力で最も大切な道徳心は、変化し難い文化で、社会の善悪を判断する基準でもある。それは、覚えることではなく、感じるもので、言葉や活字、視聴覚機器等で教え、伝えることは難しい。しかし、六～一五歳頃までの少年期に、異年齢集団の体験活動によって、見習い的に会得することは容易である。

これからの科学的文明社会に対応する少年期の社会化教育に必要なことは、見習い体験的学習活動を中心とする野外文化教育である。

野外文化教育は、様々な新しい社会現象の中で生まれ育つ子どもたちを、見習い体験的学習活動を通じて、生活文化を身につけるより良い社会人を育成する、社会人準備教育のことで、これからのＡＩ・ＩＴ時代には一層重要になる。

これからの科学的文明社会を安定・継続するに必要な体験活動（野外文化活動）を通じて行う野外文化教育を、古来の教育的社会構造に表記すると、次ページの図のような関係になる。

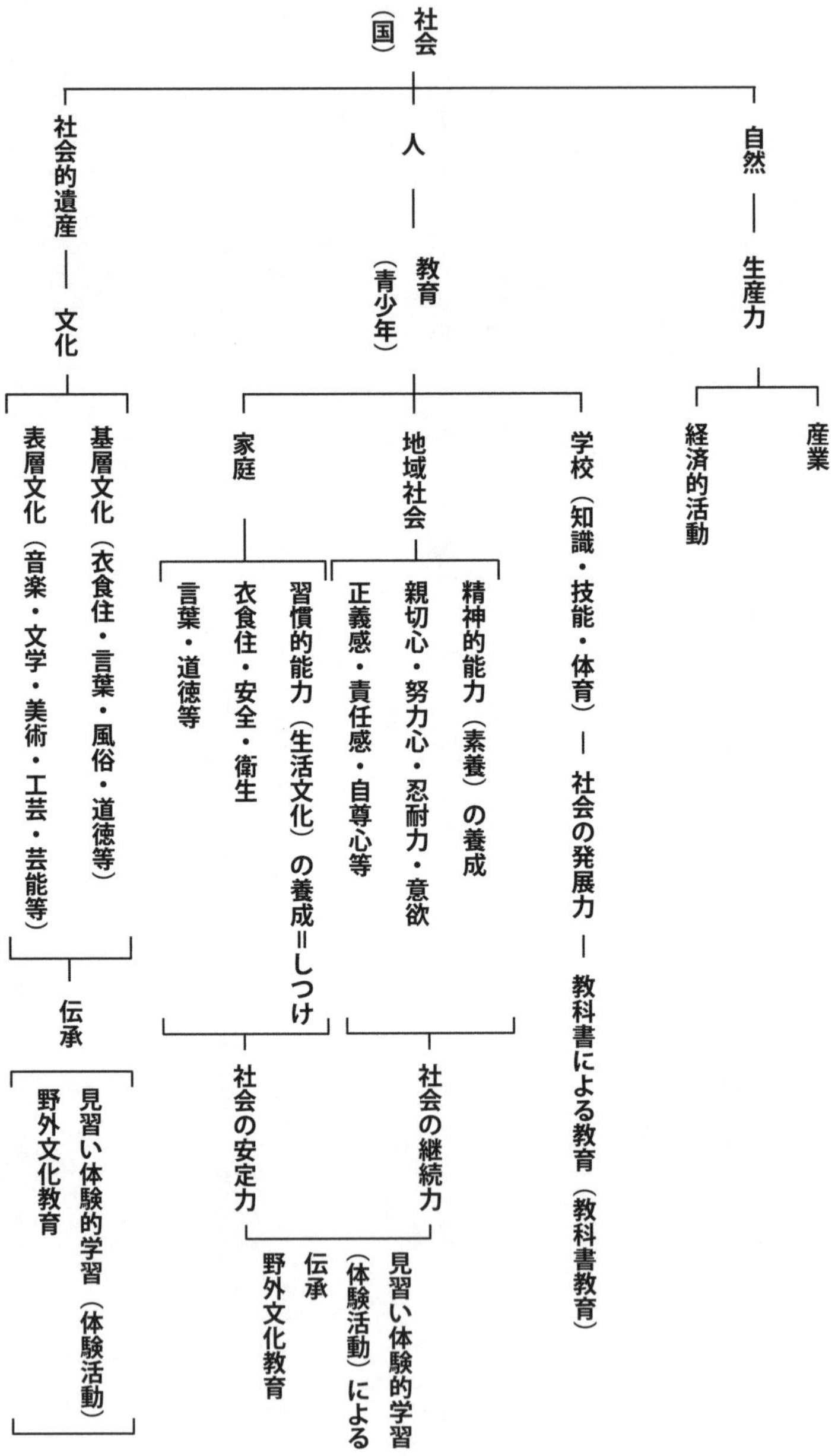
社会（国）
社会的遺産
文化
人
教育（青少年）
自然
生産力
産業
経済的活動
基層文化（衣食住・言葉・風俗・道徳等）
表層文化（音楽・文学・美術・工芸・芸能等）
伝承
見習い体験的学習（体験活動）
野外文化教育
家庭
習慣的能力（生活文化）の養成＝しつけ
衣食住・安全・衛生
言葉・道徳等
地域社会
精神的能力（素養）の養成
親切心・努力心・忍耐力・意欲
正義感・責任感・自尊心等
学校（知識・技能・体育）
社会の発展力
教科書による教育（教科書教育）
社会の安定力
社会の継続力
見習い体験的学習（体験活動）による
伝承
野外文化教育

(4) 人づくり意識革命

1．子育て革命十か条

人づくりには家族と地域社会の人々が連携を保つことが重要である。人づくりとしての子育てでいう〝子〟とは、六～一五歳までを意味する。

(1) 子どもは地域社会の後継者
(2) 子どもの仕事は遊び（体験学習）
(3) 自然体験は知恵の泉
(4) 自由広場のある街づくり
(5) 地域社会に特徴ある遊びの伝承
(6) 伝統行事の親子または家族参加
(7) 学校は地域社会の付属機関
(8) 小学生の競技スポーツは慎重に
(9) 暖衣飽食を慎む
(10) 第二土曜日は野外で群れ遊ぶ日

2. 人づくりの必要性

子どもは、五歳頃まで家族が家を中心に育て、六歳~一五歳頃まで、家族と地域社会の人々が、協力し合って育ててきた。その後は、個人の自主性に任せるのが望ましい。

親の子育てと、地域社会の後継者としての人づくりが重なる、六歳~一五歳までの一〇年間に、わたくしたちの風習、価値観、母語、感性、思考力等の基礎が培われ、社会人になるための準備がなされる。今日の親や大人は、そのことを忘れがちで、個人性を中心とする知識偏重教育になりがちだ。そのため、子は社会性を育む機会と場が少なく、自閉的で、自己陶酔形の性格を身につけやすくなる。そして、一五、六歳になって初めてそのことに気づき、自分と共通性の少ない子に戸惑い・悩み、怒る親が多くなっている。

子育てと人づくりに大事なことは、個人性と社会性の発達を促すことで、昔も今もその本質は変わっていない。親や地域の人々が、ごく当たり前のことを伝え、行動を共にすることによって人間性や社会性を豊かにすることが必要。もし、子育てや人づくりに高度な知識や技能が必要なら、わたしたち人類は、ここまで社会的発展を遂げることはできなかったはずである。

3. 社会性が乏しくなった日本人

科学技術が発展し、高度な文明的社会になった今日では、子どもが生まれ育つ環境条件が激しく変化し、これまでのように自然のなりゆきに任せておくと、実体験を伴わない間接情報によって、知識は豊かになるが、思考力や感性、表現能力が弱く、自己陶酔的な性格が強くなる。

それでは社会の立派な後継者とはなり得ないので、便利になればなるほど、野外文化活動等を通して、ごく当たり前のことを体験的に伝え、生命力や感性を豊かにする必要性が高くなっている。

子育て革命十か条は、大人なら誰にでもできる容易なことで、人づくりのために今すぐ実行できることであるが、多くの親が知育偏重になっており、学校は子どもを独占しがちで、先生たちは子どもが社会の現実に接することを恐れている。そのため、地域社会の後継者が育ちにくく、社会性の乏しい日本人が多くなっている。

4．社会人の必要条件

青少年の学力は、知識や技能だけではなく、感性や思考力、表現能力等の相互関係によって構成されるものである。しかも、知識欲は、体験学習によって身につきやすい感性や思考力等によって刺激され、個性は集団の中で培われる。

わたしたちの活力や創造力、行動力は、幼少年時代の体験学習によって培われやすいもので、机上の知識によってのみ培われるものではない。しかも、道徳心や規範は理屈ではなく、集団行動の体験によって身につくものだ。

ここで言う〝人づくり〟とは、社会が安定・継続するに必要なより良い後継者を育成することで、エリートや特異な人を育てることではない。

昔も今も変わりない、人づくりとしての社会人準備教育の重要性は、個人的な職業や地位や名誉のためではなく、社会人としての必要条件をより多く満たすことなのだ。

これからの人づくりは、文明を金銭化するための異才、天才、タレント等を育てるのではなく、社会性の豊かなより良い社会人を育成することであり、人間らしく社会生活のできる能力をより豊かにすることなのだ。

それが人類愛、祖国愛であり、より良い社会人の心得に通じる必要条件としての、「人づくり意識革命」なのである。

子育て革命十か条に賛同していただける方は、ただちに仲間づくり等をして、家庭や地域社会で実践されることが必要だ。

(5) 教育人類学的教育改革

1. 日常の学習動機づけ

日常とは極めて普通のことであるが、今日の日常は明日の日常ではない。「日々是新」の言葉通り、平凡に見える日々も、大きな変化の一歩である。子どもたちは、ささやかであっても珍しいことがひとつでもあれば、発見の喜びと感動にあふれ、すくすく育つ。しかし、惰性の日々では子どもらしく素直には育ちにくい。

私たちは、元来怠惰な動物であるが、日常の人や物、自然とのかかわりの中にこそ学習の動機づけがあり、子どもにとっては、一人前の大人になるための種が少しずつ蒔かれている。

ごく普通の日常の中で、意図的に行われる体験学習は、面白さ、楽しさ、関心の度合いだけによって評価されるものではなく、時には厳しさや社会性が必要なのである。

学校教育はわずか九年から一六年であるが、人生は六〇年から九〇年もあるので、学校が児童、生徒を独占することは、あまり意義深いことではない。

資格を持った人が行う学校教育で、地域社会の人々が知らないことを教えることはよいことだが、いつでも、どこでも、誰でも行える社会人準備教育では、地域社会の人々と共に育つ子どもたちが、人間らしさを失わずに、生活知ともいえる〝生きる力〟を身につけながら育つことなので、理屈よりも自然とともに生きる大人の誰もが身につけていることを知るための体験学習が必要なのである。

2．文明社会の教育人類学

今日のように平和な文明社会では、都市化現象、ボーダレス化現象、金権化現象、情報過多現象、そして中性化現象等によって、かえって心が貧しくなってしまっては、より良い生活の目的が失われる。私たちは理屈によって生きているのではなく、生き方に理屈がついてくるものなので、今必要な生活態度や価値観の基準を身につけることだ。

高度に発達した文明社会に生まれ育つ子どもたちが、人間らしさを失わずに、生活知ともいえる〝生きる力〟を身につけながら育つには、理屈よりも自然とともに生きる大人の誰もが身につけていることを知るための体験学習が必要。

これからの教育は、時間と費用をかけて意図的になされる、体験学習の新しい理論と方法がなくてはならないのだが、その新しい学問が〝教育人類学〟である。

教育人類学は、私たちがこれまでに経験したことのない様々な科学的社会現象の中で生まれ育つ子どもたちが、社会の後継者としてどのように育ち、どのように生きるかを人類学的に調査、研究して、より良い社会人を育成するための理論や方法を、教育学的に考え、実践することなのである。

3．新しき教育観と学力観

今日の青少年は理知的ではあるが、大変利己的で自己陶酔型の性格の持ち主が多い。そして、社会的、人間的な成長が不十分で、人間本来の生命力である〝生きる力〟としての全体的能力が未発達でもある。自然環境に順応するための考え方や感情、自然と共にどう生きるか等、そのあり方が人類共通の文化であり、〝生きる力〟でもあるのだが、理屈によって身につけることはできないものである。

このような観点から、新しい教育観は、知能の基礎、基本から、社会人として生きるに必要な能力の基礎、基本へと変わった。また、従来の学力観は、知識を頭の中に詰め込み、蓄える知識習得主義、すなわち記憶力重視であったが、これからの学力観は、なすことによって学ぶ力を基軸として、自主的、実践的な力を育成し、思考力、判断力、表現力、行動力等が重視されるのである。

私たちは今、三〜一二歳頃の幼少年時代によく遊ぶことによって、感性と直感を豊かにし、一三〜二二歳頃までの青少年時代によく学ぶことによって、知性を豊かにし、理性を強くすることが望まれている。

4．教育人類学的実践

社会人とは社会に共通する生活の知恵、知識、体力等の基礎、基本である基本的能力を身につけている人のことであり、より良い大人は、心身ともに一人前ということになる。

学校教育やマスメディアの発達によって、子どもたちは実に多くの知識、情報を身につける。しかし、単なる〝物知り〟では生きる力にはなり得ない。社会人としての一人前の大人になれるかどうかは、少年時代の体験の量や質によることが多い。

教育人類学的に考えた体験的学習（野外文化教育）のしかるべき内容は、①生活体験、②労働体験、

③自然体験、④没我的体験、⑤集団的活動能力の向上体験、⑥問題解決の克服体験等である。
　これからの教育改革は、長い人生を豊かに、楽しく生きるために必要な、社会人としての基本的能力を身につける、教育人類学的実践としての野外文化教育か必要である。

　社会人として生きるに必要な基本的能力を表にすると左のようになる。

- **基本的能力（生きる力）**
  - **知恵**
    - **習慣的能力（家庭中心）** ——（衣食住、安全、衛生、言葉、道徳等の認識）
    - **精神的能力（地域社会・学校）** ——（思いやり、親切心、努力心、忍耐力、意欲、正義感、責任感、自尊心等）
  - **知識・技能（学校中心）** —— 判断力、理解力、協調性、技術等
  - **体力**
    - **行動体力（学校・地域社会）** ——（走る、跳ぶ、投げる、打つ等の動作とこれらを複合した運動のできる力）
    - **防衛体力（家庭・社会・学校）** ——（暑さ、寒さ、日光、細菌感染、寄生虫、精神的苦痛、疲労、睡眠不足、飢餓等に耐える力）

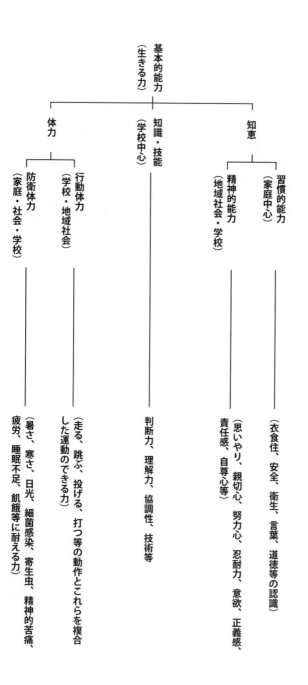

(6) 四〇・五〇代からの教育改革

1. 民主教育五〇年

戦後の民主教育が始まったのは、昭和二二(一九四七)年四月であった。その年に小学校に入学した私は、新しい教科書の最初に書かれていた、〝みんなよいこ、ぼくもあなたもみんなよいこ〟を大きな声で読んだ。

それからすでに五〇年の歳月が流れようとしている。いろいろなことがあったが、日本は今や、欧米諸国に追いつけ、追い越せの集団的目標を達成し、物質的には豊かな社会になった。しかし、夢や希望を持てない人が多くなり、個人も国家も目標を失って混沌の時代になっている。

半世紀もの間、学校中心になされた民主教育の理想は、良い子のみんなで仲良くやろうの「平等主義」であった。その結果、個人性の強い、優しくて孤独な日本人が多くなり、目に見えない形で起こっている、現代社会の多くの問題に対応して、一億火の玉になって突進することができなくなった。

この辺で、民主教育のあり方を見直し、教育の目的を再確認して、根本的な改革をしないことには、私たちの社会は、衰退へと向かうことになる。

2. 知的生産性の低い社会

いつ、いかなる社会でも、学者は尊敬の対象になりやすいが、日本ではいつもそうではなかった。日本の学者の多くは、奈良・平安時代から江戸時代には中国大陸からの漢書を読んで理解し、日本人に伝えることを役目とした。そして、明治、大正、昭和には欧米の、戦後にはアメリカの学問を、書物や映像または現地で学んで私たちに伝えてくれた。

彼らの大半が翻訳学者であったので、日本人の多くが、自国の学問を確立しようとしない学者をあまり尊敬しなくなった。

学問に国境はないが、学者は己の社会を背負って立っている。社会の中で評価されないと、新しい学問や技術を進めることは困難である。

残念なことに、日本は、今日まで自主的な学問的研究熱が弱く、知的生産性の低い国家で、未だに学問の独立性が弱くて、自己評価ができない。

社会が混沌とし、個人が何をすればよいか分からなくなり国家が目標を失った時、最も重要な役割を果たすのが、知的創造力のある学者だが、今もまだ期待に応えられるような状況ではない。

3. 混沌時代の自己責任

今日の混沌は、集団的目標を見失ったことと、戦後五〇年間も負の遺産を引きずったまま、主体性のない社会を営み、教育の荒廃と物価高を招いたことによるものだ。

人々は、経済的、政治的、行政的混沌の時代というが、その原因は、昭和五〇年代から始まっている教育の混沌だ。二～三〇年後を見据えた教育政策を、政治の基本とすることのできない社会は、やがて衰退することが世の常である。

戦後の日本は、社会の安定、継続に尽力するよりも、繁栄を最優先し、政治か経済政策中心であったため、社会生活に最も大切な土地と日常生活費の高騰を招いた。そして、国民は社会性や価値観の共通性を失い、集団的な夢や希望を持てなくなった。

個人性の強い、豊かな国になった日本では、〝日本頑張れ〟的な集団的目標はもう通じないので、個人的な夢や希望が優先されなくてはならない。

今日の集団的混沌の中では、個人個人が自己責任のもとに、創造力や活力を発揮して、活発に行動することしかない。

4．自分の二〇年後のために

私は、平成四年の二月と一二月に多くの会社を訪れ、総務部、秘書室、広報部の四〇代、五〇代の方々にお会いし、二〇年後の私たちのために、「学校外教育改革」の必要性を説明し、一社員であると同時に一社会人としての行動を呼びかけた。この一七年間、行政職員や政治家、学者にいろいろ呼びかけたが、改革の本当の意味が理解されず、未だに「学校内教育改革」でしかない。最後の望みとして、「学校外教育改革」の波が財界から起こってくることを願って、五年計画の活動を開始した。

いつの時代も、革命は一〇代、二〇代が興し、改革は中年世代がなすものだ。今日の混沌時代に、社会が衰退しないよう努力するのは、親であり、現場の責任者である四〇代、五〇代の人々の役目であり、社会的義務なのだ。

みんな良い子の民主教育を最初に受けた私たちが、すでに五〇代半ばになった。個人主義で、主体性のない優しい社会人ではあるが、まだ二〜三〇年は生きられる。私たちが、自分の安定した老後のために、今、自主的に奮起し、青少年の育成に努力しないことには、日本は物づくりでは一流になったが、形だけで心のない人々が住む淋しい社会になってしまう。

今日の日本人社会の本当の問題は、主体性のない、ぬるま湯のような民主主義社会に住み続けてきた、五〇代、四〇代の、私たちの中にある教育観なのだ。

私たちにとっての学問、文化、道徳心、芸術、技術、そして活力や創造力等、全ての原点が、夢中になって友と遊んだ幼少年時代の体験であったことを思い出して欲しい。そのことを忘れず、個人個人が、〝人づくり〟の夢と希望と目標を持って、二〇年後の自分のために、もう一度立ち上がろう。

（7） 人づくりは安全な食物から

ソ連解体で社会主義が負けたといわれているが、大統領がセールスマンの役目をせざるを得ないアメリカ資本主義もまた勝ったとはいえない。両国に共通することは、不十分な国民教育と膨大な軍事費に負けたし、極端な管理主義と自由主義に負けたことだろう。しかし、いずれにしても人がなすこと。基本的には、〝人づくり〟に失敗したといえるのではあるまいか。

政治の重要な三本柱は、社会の安定、継続、繁栄であるが、全て人がなすことなので、人づくりに勝る政策はない。その人づくりに最も大切なことは、心身の健康である。健康はスポーツや医療や生活環境によってのみ維持できるものではなく、命の源である食べ物が重要なのである。

食べ物の三大必要条件は、新鮮、おいしい、身体に良いことである。有機物である農産物は画一化が困難なので色や形や見映え等は、さして重要なことではない。

ところが、経済観念と科学技術の発達した今日では、見映えや便利さが優先され、生活の技術やレベルが向上した代りに、健康管理や生命維持に気配りが必要になってきた。

地球の環境管理や自然保護、公害防止等はその現われであるが、最も大事なことは、食物の安全性である。ところが、北海道で開催されたウルグアイラウンドにおける農作物の自由化は、その安全性については問題にならず、工業製品と同じレベルでの関税問題でしかない。これは、より高度な文明的な生活のための道具と、生命の源である食物を同じに見なした経済的国際化への手段でしかない。

農産物について、食料安保以前の問題点は、各国における農薬残留や使用の規定、または食料の添加物、保存料、着色料その他の基準が異なることである。それは、食文化と大きくかかわり合っているので、一定にするのは困難である。例えば、日本人の主食は米、アメリカ人の主な穀物は麦とトウモロコシ、ドイツ人はじゃがいも等である。

経済と科学技術は競争によって発展し、勝ったり負けたりすることによって良い結果をもたらす。しかし、有機物である食べ物は、無機物の画一化された工業製品と同じように、生産性を高め、合理的に多量に生産すれば良いというものではない。なんと言っても、外見ではなく身体によく、安全であることなのだ。

アメリカの大統領が日本にやってきてもっと車を買ってくれというのは分かるが、アメリカの規定や基準に従った食べ物、米を買ってくれというのには不安を感じる。強制するのは属国扱いであり、日本人の生命や健康を無視した危険な商人でしかない。

無機物である工業製品の自由競争は、品質の良し悪しによって消費者が判断するので結果的な勝負には納得できる。しかし、安全の基準が一定していない食料品の自由競争は、生命と健康と子々孫々にまでかかわることであり、不安と心配がいつまでも尾をひくので賛成できない。だから、社会の価値観や生活文化が統一されない限り、食料の自由貿易は警戒すべきことである。

食物は、安ければ、たくさんあれば見かけがよければ良いというものではない。また経済や科学技術の立場でのみ考えるべきものでもない。命と同じく大事なものと考えるべきものである。

経済的、科学技術的に国際化を叫ぶ日本が、これからより長く安定した繁栄社会を続けるためには、心身の健康な人材を育成する〝人づくり〟を忘れてはなるまい。それには身体に良い、安全な食物の確保を最優先すべきだ。そのためには多少の社会的犠牲を払い、国際間の安定した協定をより早く結ぶべきである。

人間は、平和で安定した生活ができるようになれば、誰もが自分の健康を気遣う。これまでの青少年の健全育成は、訓練やレクリエーションが重視されてきたが、これからは安全な食物を優先し、食文化についても認識を深めるべきである。それは、子どもにだけではなく、遺伝子を持つ親にもいえる。

手間ひまかける子育てに最も重要な食物は、やはり手間ひまかけてつくる新鮮でおいしく安全な農水産物であることが望ましい。その認識こそ、これからの〝人づくり意識革命〟の第一歩なのである。

（8）『平成の改革』のすすめ

日本は、明治維新以来欧米化の波に洗われて和洋折衷の文化、文明をつくり上げ、世界にも例を見ない画一的な統一国家を形成してきた。しかし、第二次世界大戦以後は、アメリカナイズの傾向があまりにも強く、個の権利を主張する民主社会の名の下に、価値観や生活態度の基準をも失ってきた。そして、自然感の乏しい工業立国に邁進し、世界の工場となったが、徐々に社会の内部衰退によるかげりが現われ、今では豊かな管理社会が極まった感がある。そして、教育も政治も、経済も社会目的を少なからず失っている。日本はあたかも大海を漂流する船のごとく、航海することのみに全力を尽くしてきたかのような印象を残している。しかし、今や単なる政治論、教育論、経済論ではなく、生活者としての根底を確立する個々の日常的改革の実践が必要となっている。

「昭和」という、文化と文明の激変した時代をやりすごし、工業化の極まった日本は、今や伝統文化の再認識にせまられ、新しい生活文化の創造にとりかかる平成の時を迎えている。これまでの営利追及の時代は終わり、日常的な生活レベルでの豊かさとゆとりを求める時代に突入した。それは、大海を安全に航海するために船そのものを改造し、船員の質を高め、条件をよくして、寄港地で富と恵みを分ち合いながら目的地に向かうがごときことなのである。

平成もすでに三年を過ぎようとしているが、これからは単に天下国家を論ずるより、生活者として、一人一人が社会を維持していく気概と知恵を持ち、ごく身近なことを具体的に改善することが必要。

統一国家としての明治維新は、多くの人々の犠牲によって成就したが、国際化における豊かな文明国日本の平成時代の改革は、多くの人々の見識によってなされるべきである。

歴史はいろいろな社会現象を見せてくれたが、いつの時代も社会が悪いのではなく、人々の心の中に問題があると思われる。大切なのは、個々の人がしっかりした考えや見識を持つことだ。

昭和の後半から、経済活動を中心とした〝国際化〟という美名の下に、日本人の共通性を弱め、社会人としての基本的能力（野外文化）を培う機会と場を失って、本来の見識を高めようとはしなかった。共通性の多い個の集団が社会であり、民族集団や国家なのであるから、共通性の少ない個の集団は社会であっても、民族集団や国家とは言い難い。より高い見識は、伝統文化の保存と開発のバランスのとれた生活者の知恵なのである。そして、これからは、見識のあるしっかりした個の集団である社会が望まれている。

昭和の時代に破壊された伝統や規範を、緩やかに回復し、一人一人の見識である基本的能力を高めるのが、平成の改革である。そのひとつの例が学校教育における「生活科」や「週五日制」である。

運命共同体としての地域社会の人々が、長い人生を健康で快活に生き抜く生命力と、社会人としての基本的能力を培う野外文化活動の機会と場を、幼少年時代から日常的に与えてやることが、平成の改革の原点なのだ。そして手段や方法が目的化している今日の教育が、自然と共に生きる力と人間らしさを身につける、初歩的なことの重要性の認識こそ、平成の改革の第一歩となる。

〝歴史は人をつくり人は改革の歴史をつくる〟

昭和から続いている惰性を、平成の時代に生活者の一人一人が身近なところから改善すれば、積もり積もって平成の大改革になる。

〝人は行動の後に知識を渇望し自らの見識を高める〟

(9) 二一世紀の新しい教育観

1. 遊びとしての体験学習

私たちは、子どもたちが先端技術や知識を習得するための学習には熱心であったが、社会人として生きるに必要な基本的能力を身につけるための学習には、無関心を装ってきた。

しかし二一世紀の〝教育〟は、知識や技能を伝える学校教育と並行して、社会人になくてはならない基本的能力を身につけるための体験学習を中心とする、社会人準備教育である野外文化教育が重要になる。

学校外教育である野外文化教育は、生きるに必要な社会性や人間性を豊かにするための総合的な教育のこと。

青少年が〝生きる力〟や〝感じる心〟を身につけるために最も適している野外文化教育としての体験学習は、①生活体験、②労働体験、③自然体験、④没我的遊び体験、⑤集団的活動能力の向上体験、⑥問題解決の困難に対する克服体験等である。

子どもから老人までの異年齢の人々が、野外で共同体験することは、子どもたちが思いやる心、協力する心、感動する心や信頼や絆を培い、生活能力や防衛体力、社会性、判断力、環境認識等を高め、各自がそれぞれの能力の限界や独自の可能性を発展させるのに最も効果的である。

しかし、一一歳頃の子どもにとっての体験学習は、遊ぶことである。子どもの遊びの大半が、大人のなすことを真似て、子どもなりに工夫したもの。だから、幼少年者の体験学習を職業訓練や職業教育と見なしてはいけない。

例えば、専業農家の農園で、小学生に体験学習させることは、望ましいこととはいえない。専業農家にとっては、子どもは邪魔な存在でしかないからである。農家、商店、工場その他の専業者にとっては、一三歳以上の基礎的能力のあるものでないとあまり役に立たない。

これからの子どもたちにとっては、遊び心で農作業ができる、学校外教育用としての滞在型教育農園が必要。それは、農園の中に学校をつくることでもある。

これまでのような、果実や野菜を収穫するだけの観光農園型ではなく、三日以上滞在して、遊び心で栽培して収穫し、料理して食べることのできる、自然と共に生きる生活者の疑似体験用農園が必要である。私は、それを〝交友の村〟と呼ぶことにしている。

2. 農園学校のすすめ

二一世紀の都市型小中学校の校舎は木造で、校庭は土である方がよい。風の日は砂ぼこりが舞い、雨の日はぬかるみ、草や木、虫や小鳥等が育ち、教室はいつも木の香りがすればよい。

これまでの学校は、知識、技能、文明、スポーツ等の中心であったたか、これからは、地域の自然、生活文化の中心となるべきである。まさしく、農園の中に学校があるような、街づくり、環境づくりの時代がやってきた。

子どもたちの体験学習にとって最も重要なのは、自然と共に生きる素朴な労働のある農林水産業体験である。商業労働や工場労働は、生きるための間接労働であるので職業訓練になりがちであるが、農作業の労働は、自然と共に生きるに必要な基本的能力を身につけるのに、最も効果的で具体的な体験なので、小学五、六年生や中学三年生が通過儀礼として、一度は体験しておくことが必要。

農作業体験学習で最も容易で効果的なのは、植物栽培と動物の飼育であるが、草木があれば、あらゆる生物が集まってくるし、季節感も育まれる。

樹木は、草と違って一生が長いが、四季折々にその姿を変え、時の流れを伝えてくれる。落葉樹は冬になると葉を落とし、春になると芽を出して花を咲かせ、夏にはみずみずしい青葉を開き、秋には熟した実を食べることもできる。

私たちは、植物を栽培して食べる行為によって、生活を具体的に知ることができ、生きる力や感じる心を培い、他人と共に労働することによって社会性を豊かにすることができる。二一世紀の都市文明社会の小学校は、観察用の花壇的なものではなく、野菜でも果樹でも栽培して食べることのできる農園の中にある、農園学校的な教育環境をつくることが大切である。

自然の一部である私たちにとって、いかなる科学的文明社会になっても、自然は万民共通の絶対的真理である。人によって向き、不向きなどありえない。特に、私たちの生活に欠くことのできない植物をよりよく知ることは、心の安らぎ、生きる喜び、生きる力となる。

私たちが、二一世紀に豊かでゆとりある生活をするためには、滞在型教育農園や農園学校的な新しい教育観が必要だ。

⑽ 新人教育の新しい方向性

1．現代青年の特徴

人類は古代から今日まで、社会の後継者を育む健全育成を忘れることなく続けてきた。その基本は、まず家庭で習慣的能力である〝しつけ〟と呼ばれる基礎的防衛能力を培い、次に地域社会において精神的能力である〝素養〟と呼ばれる人間性や社会性を育むことであった。

近代になって、それだけでは社会人として不十分なので、地域社会の付属機関として専門的に知識、情報、技能等を教える学校教育制度を導入し、高度な文明を発展させるために大いに役立ってきた。しかし、戦後の日本は、米国の影響力が強く、文化や風習の伝承が疎外され、Ｐ・Ｔ・Ａと呼ばれる学校中心の新しい教育支援制度が導入されることによって、家庭や地域社会での育成効果が軽んじられるようになった。そして、学齢に達することによって、いきなり、学校教育制度に組み込まれ、心身の十分な発達がなされないまま大人になっている。

今日の日本は、教育制度が充実し、マスコミュニケーションが発達しているので、多くの人が、常に間接情報や疑似体験の洪水に呑まれている。だから、これまでの常識では理解し得ない社会現象が多く発生し、青少年の人間性や社会性に大きな影響を及ぼしている。しかも、幼少年時代に遊びや生活労働の体験が少なく、自然とのかかわりが弱いために、生活態度や価値観等の基準を持っていない。

こうした現代の青年の特徴は、①打算的、②指示待ち的、③相手の心を知ろうとしない、④人の上に立ちたがらない、⑤体格は良いが体力が弱い、⑥無関心、無感動、無気力の三無主義、⑦巣ごもりがち、などとされている。

これまさしく、人間の基本的能力である人間性や社会性の未開発現象である。このような青年たちを称して、基本的能力未開発性症候群と呼んでいる。

2．新人教育の意識的転換

平成二年の七月末から八月はじめにかけて、豊後水道にある御五神島で小学校五年生から高校三年生までの七三名が参加して、第六回の無人島生活体験が開催された。そして、そこに中学校の校長を班長とする、企業の人事、または人材開発担当の方々八人が参加してひとつの班をつくり、子どもたちと同じく、一〇泊一一日の共同生活体験をした。

その結果、一週間から一〇日くらいの共同生活をすることによって、人間性や社会性、そして協調性の開発や必要性を理解し、会話と共同生活の意義と楽しさが十分認識されることが分かった。また、この無人島生活体験が、二〇代から四〇代までの成人にとっても、価値観や生活態度の再認識にとってかに効果があり、直感や想像力、創造力、活力の蘇生にも役立ち、社員教育や指導員養成に十分活用できることも認識された。

これまでのあらゆる職場における新人教育は、訓練を積み、士気の高揚を図ることであった。しかし、基本的能力の不十分な今日の青年に、能力や技術の習得を繰り返し、やる気や愛社精神の向上を図り、訓話をしても、大きな効果を期待することはできなくなっている。

彼らの多くは、一日二四時間を通じて、他人と生活を共にする体験が極めて少なく、幼少年時代の原体験が乏しかったために、言葉の持っている文化的意味か十分理解できないので、その意義と必要性を認識することが困難なのである。

そこで、新人教育、または社員教育の改善が叫ばれはじめた。これからは会社や団体が地域社会に代って、社会人準備教育の場である認識を強くし、社会人としての基礎、基本の習得を考え、人間としての共通性や協調性を、原体験を通して体得できるような機会と場を積極的に与えてやることが必要になっている。その最も効果的な場が、自然の中での共同生活体験である。

これからの新人教育は、机上論では対応しきれないので、自然と共に生きる人間の基本的能力（誰もが野外で初歩的に培われる能力＝野外文化）を育成する体験的学習としての、共同生活体験が必要になっている。

(11) 少年が父になるために

出産は女性の特権かと思いきや、平成一一年二月下旬の新聞に〝男性でも腸内に受精卵を注入して子を産むことが可能である〟というイギリスの医学者発表のニュースが記載されていた。

真偽のほどは別として、雄である男性に子を産ませようなどという発想は、自然の法則を冒涜することではなかろうか。

そう思っていると、今度は三月二日、厚生省が少子化対策として、〝育児をしない男を、父とは呼ばない〟というポスターを、一〇万枚も作製して日本中に配布し、新聞や雑誌、テレビ、ラジオでも広報するというニュースが流れた。

これも自然や社会の法則を十分に理解していない若い女性の意見を、正義や真理と錯覚した若い男性たちの短絡的な行為のように思えるのだが。

何より、女性側の主張通り、〝育児をしない男を、父と呼ばない〟とするならば、「ごもっともです」と言葉だけで同意する男性が増え、世の中に〝母子家庭〟が多くなるに違いない。

私たちが忘れてならないことは、動物としての自然の法則である。

動物の雌である女性は、男性に比べ、非活動的で保守的な行動をしがちな安定指向で、体内に子を宿し、乳を与える機能を持っている。そして、約一〇か月も胎内で育んだ子を産む女性の本能は母性愛であった。ところが、雄である男性は女性に比べ、活動的で冒険的な行動をしがちな不安定指向で、子を産む肉体的機能を持っていない。

人類の雌である女性と、雄である男性というのは、社会的動物用語であり、少女、娘、女や少年、青年、男というのは動物的社会用語である。そして、母や父という言葉は、文化的社会用語なのである。

こうした女性と男性が、母親と父親になる過程において、大きな違いがある。女性は自然に少女から女になり、母親になり得るが、男性はそれができない。社会的作為をしないまま放置すれば、少年、または雄、男のままになりがちである。

もともと母性本能の強い家庭的な女性は、個人的にも社会的にも男性より労働意欲が強く、家族社会を支えてきた。しかし、女の性には、月に一度変調をきたし、感情の起伏の激しい時がある。これはより多くの人々への対応や、感覚を平常に保つ必要のある社会的な面からすると、男性に比べ弱点である。男は、女に比べて肉体の変化や感情の起伏が少なく、積極的で遠視眼的な特質を持っている。

幼少年期の大半を母親と過ごす子どもたちは、一種の刷り込み現象として、母親からあらゆることを学ぶ。留守をしがちな父親が、言葉や文字で教育しても、母親の影響力には到底及ばない。人類の文化伝承者は母親である女性なのである。

動物の多くが母系社会であるように、人類も本来母系社会であった。しかし、社会が発展し、人口が増え、文化が向上するに従って、近視眼的で保守的安定指向の女性中心では少々荷が重すぎるようになり、社会的には弱い立場の男性を強くする必要性に迫られるようになった。

そこで、世の知恵者たちは、男を社会的に強くし、責任感を持たせるために、「お前は男だ、お前は強いんだ」の倫理を教えるようになった。それが家庭教育としての〝しつけ〟や地域社会における祭りや年中行事、その他の儀式等を通して行われた、素養を培う〝社会人準備教育〟となり、徐々に少年から青年、そして男になるように育成し、結果的に父親になれるように仕向けて、父系社会をつくり上げてきた。

日本のような、定住稲作農耕民文化の父系社会は、社会的に強い女性と弱い男性が、社会を発展、安定・継続させる知恵として、家庭や地域社会の教育によって、少年が父親になるために、作為的に強くした文化的な社会であった。だから、幼少年時に倫理教育をしないで放置すれば、父親になろうとしない男性が多くなる。

今日の日本のように、豊かな科学的文明社会の男女平等主義の下で暮らす俸給生活民は、母親を中心とする小規模的中性化社会をつくりがちである。

中性化した社会は、人々に社会的目標や価値観の共通性、生きがい等を失わせ、活力や発展性が弱くなり、衰退していく。

こうした不安定な中性化社会に対応する知恵は、男性に子を産ませたり、育児させたりすることよりも、幼少年時代により良い家庭教育や社会教育による社会人準備教育をして、社会的責任感のある男を育成し、父になれるように仕向けることなのである。

⑫ エリートになるための必要条件

人間の偉大さは、いつの時代にも、努力と工夫を続けることであり、その喜びを知っている者が、真のエリートである。

1．防衛能力の養成

「猿も木から落ちる」いや、一歳くらいまでの猿は地上生活が多く、しょっちゅう木から落ちている。とっ組み合い、噛み合い、追っかけ合い、木にかけ登り、枝をつかみそこねて数メートル下の大地に落ち、自らの失敗に驚く。しばらくするとまた同じことを繰り返す。楽しいのか、面白いのか、ひっくり返っては飛び上り、キーキー、キャーキャー、表情明るく鳴き叫ぶ。しかし、二歳頃からはめったなことでは落ちなくなり、樹上生活が多く、やがて動き回ることをやめる。

人間の子どもも、這っては立ち、立っては歩き、歩いては走るが、よく転がって膝を擦りむいたり、額をぶっつけたり、痛い思いをして泣くが、泣きやむとまた同じことをする。時には大失敗によって傷痕を残すこともある。ところが、一〇歳くらいになるとめったに転ばなくなり、一二歳にもなると反射神経や筋力が培われ、転ぶ前に手を出して身を守るようになる。

これは、六〇年、七〇年もの長い人生を生き抜く自己防衛能力を培うための本能的な行為なので、本人が意識的に行動しているわけではない。しかし、長い人生というマラソンの準備体操なので、これを欠いては走り通せない。

人間にとって何が大事かは、主義思想や宗教等によっていささか異なるが、個人にとっては、何よりも〝生きる〟ことが最も重要だ。しかも、エリートの可能性を追求する者は、心身を鍛え、いかなる環境でも、生き抜く防衛能力を培っておくことが望まれる。

「私は長生きしたから偉いのだ」

かつての宰相吉田茂は、九〇歳の長寿を全うして言い切った。天才でない限り、自分の願いと努力が報いられるには、長い歳月が必要なことは歴史上の事実である。

いかなる人間も、幼少年時代に総合的な体力を培うことこそ、人生を快活に健康に生きる基本であり、生命を長く維持する必要条件である。

2．判断力と自主性の開発

エリートには、〝作られるエリート〟と〝なるエリート〟の二種類がある。作られるエリートには必ずスポンサー、または操縦者がいる。だから指示通り、ロボットのように訓練され、人生計画を持たず、自主性や判断力を必要としないが、自らの努力によってなるエリートには、たとえスポンサーがいても、自主性と判断力が不可欠である。

人間の自主性や判断力の基本は、幼少年時代の〝遊び〟の中に芽生え、歳月と共に感性が磨かれる。

〝遊びは文化より古い〟

人類学者、J・ホイジンガは、人間にとっての遊びの重要性を主張しているのだが、幼い頃、いろいろな遊びを体験した者にはすぐ理解できる。

子どもは思い切りがよく、何でも、ごくあっさりやってしまう。それは、大人ほど判断力がなく、すぐに行動に移すからだ。石けり遊びの時、石をねらいの地点まで飛ばしたり、「ヤッ！」とばかり蹴ったりする時のスリルと快感は何とも言えない。鬼ごっこで、ちらっとしか見えないのに、その特徴を見出して、名前を正確に呼び当てた時には、痛快な気持ちになる。それは一種の快感であり、一種の自己陶酔でもある。それだけではなく、一種のギャンブルだ。そのために子どもは、時間のたつのも忘れて遊びに興じ、次々と新しい遊びを発見しマスターする。子どもは遊びを通じての純粋な創造の中で、その方法と成果を身を持って確かめながら判断力を培う。

子どもに遊びとけんかは付き物。子どもは自分の欲望だけを頑強に押し通す時期から、自然に自己主張の仕方を覚え、他人との協調性を身につける。これは、親や先生が教えても、本を読んでも身につくものではない。友達と一緒に遊び、泣いたり笑ったり、けんかをしたりする体験を通して正しい自己主張が培われる。自信のある自己主張こそ自主性を培う基本である。

3. 努力と工夫の継続

幼児はよくグラスを持って遊ぶ。板の間では、一人で一時間でも二時間でも遊んでいる。グラスの手の感触、形を確かめ、色を見、転がして方向を見定め、音を聞く。

やがて手に持つ遊びから、それを手離す遊びになり、グラスを投げる。ガシャンと音高く壊れ、形がなくなったのを知って泣き叫ぶ。

少年は遊びの道具、特に技や時間を競う遊びの道具にはたいてい工夫を加え、よりよくするために最善の努力を惜しまない。決していいかげんではない。負ければ勝つために、悪ければ良くするために情熱を注ぐ。そんな努力と工夫を重ねることによって道具の本質を見極め、ゲームの技術が上達する。単純だが、道具の原理を理解し、行為の成果を確かめることによって、ゲーム全体の状況を判断する力が培われる。現状に埋没しない改革と改善の価値観は、この判断力の集積によるものだ。

子どもは自分の遊びの道具を改善する努力と工夫の成果によって、行為の結果的な喜びを覚える。しかし、自己満足ではいられないし、繰り返すことに不満もない。知識の世界のようにパターン化したものではなく、方法はいくらでもあり、ごまかしがきかない。この遊びの中に、努力と工夫の必要性を発見した者は、いかなることにも改革と改善が必要なことを知っている。

遊びをやらされ、道具を与えられたにすぎない者は、そのゲームの方法は知っていても、本当の面白さを知らない。

人間の偉大さは、いつの時代にも、努力と工夫を続けることであり、その喜びを知っている者が真のエリートなのである。

4．社会意識の向上

フランス語による、選ばれた人という意味の、エリートとは何か簡単に明記することはできないが、少なくても、①社会の精鋭であり、②権力の追随者であり、③生存競争の勝者であり、④世襲的地位のある者であろう。

いずれにしろ、社会の上層部に位置した人々のことである。となると、エリートは、向上心と社会意識のない者にはあまり縁のない世界だ。

子どもから老人までが共に生きている社会は、それぞれの年代に一〇パーセントの導く者と、九〇パーセントの導かれる者からなっている。

これは理論的には否定できても、現実的には否定のしようのないことだ。作為的に選ばれたにしろ、合理的に選ばれたにしろ、社会に一〇パーセントのエリートは必要であるが、社会意識のないエリートは九〇パーセントの導かれる側にとって必要悪である。

社会は全員の力で支えられているが、その力を効果的に発揮するには、正常な社会意識の強いエリートの力量に頼るしかない。社会意識は、幼少年時代の遊びによって培かわれ、知的欲望と異年齢集団の野外文化活動によって向上するものであり、主義・思想や宗教による独善や、知識教育によってのみ培かわれるものではない。

⒀ グリーンアドベンチャー・新しい野外文化

緑の豊かな日本には、昔から山川草木を友とする風習があったが、今は廃れがちになっている。しかし、現在でも少し工夫すれば、費用は少なく、簡単に楽しめる自然の諸々がわれわれの周囲にはいくらでもある。自分にとっての自然とは何か、もう一度考えてみることが必要だ。

1．自然の発見

自分の身近にある樹に、ふと、これは何という名称なのだろうかと疑問を感じた時、いつも接しているはずなのに、こんな樹があったのだろうかと、今更のように考え込んでしまうことが誰にでもある。われわれ人間は自然の中で生活している。たとえ大都会の東京の中でも、自然はいたるところでわれわれに語りかけている。ただ、それに気づかないままでいる時、自分の身近に自然を感じないだけだ。東京は砂漠ではない。砂漠なのは、自然と接する方法を知らない人々の心なのだ。われわれは、現代の高等な文明社会の中で、砂漠化した自分の心に気づいて、ふと身近な自然に触れた時、緑の豊かな自然の神秘さや様々な現象に驚きを覚える。

2．うまく利用するために

自然は常にわれわれの身近にあるのだが、それに気づかず、自らの手で破壊してしまうことがある。

自然の中でその恩恵を被りながら生活しているわれわれ人間は、自然をよく理解し、保護し、上手に利用せねばならない。

しかし、身近にある植物の名称も知らず、すべての草木を同じ緑にみるようでは、「緑を大切にせよ」とか、「自然を愛せよ」といくら声を大にして叫んでも、その意味も自然に対する愛情も実感を伴わないものになる。だから、自然をいっそう愛し、うまく利用してもらうためには、まず身近に生えている植物の名称を知ってもらうことが先決だ。

3. 小さな冒険のすすめ

実際、われわれが野山を訪ね歩いて自然に親しもうとする時、自分の目にする植物の名称を知らないようでは、映画を見たり、写真を見たりしているのとそう変わらない間接的で、抽象的な感情でしかない。そこで、より多くの人々に、本当に自然を友とし、理解し、利用する喜びを知ってもらうひとつの方法として、「グリーンアドベンチャー」という植物を観察し、生活文化とのかかわりを知ってもらう大会を開催することにした。

グリーンアドベンチャーとは、直訳すると「緑の冒険」となるが、緑とは自然という意味に解釈して、未知なるものをひとつずつ発見してゆく「自然の中の小さな冒険」または「自然の中の思いがけない発見の喜び」という意味に訳する。

「この樹はなんという名称だろう……」ふと、そういう疑問に駆られた時、我々は初めて自然を強く意識し、自然を知ろうと思い立つ。それはまるで、大自然の中で小熊が様々な体験を繰り返すような驚きと喜びと発見の旅だから。

4．植物の名称を覚えよう

グリーンアドベンチャー、それは植物の名称を覚え、自然を発見し、うまく利用するための小さな冒険旅行なのである。少なからず生活とかかわりのあるものには必ず名前がある。

グリーンアドベンチャー、それは日常的な冒険のすすめであり、生活文化との関わりを知り、自然をよりよく理解し、利用してもらうための知恵を得る方法なのである。

誰でも、どこでも簡単にトライできる発見の喜び。植物の名称に限らず、動物も昆虫も含めて、その名称を知ることは、われわれ人間の住んでいる自然とのかかわりを理解する第一歩なのである。

まずは自分の身近な家の庭の木、校庭の木、道沿いの木等を観察し、自分の好きな木を一本決めて、〝自分の木〟として一年間観察してみよう。そうすれば、理屈抜きに変化する自然を発見することができる。

グリーンアドベンチャー、それは自然と共に生きる生活文化を知る基本的能力としての野外文化に気づく、きっかけづくりである。

⒁ 犯罪防止に体験活動を

1．通じなくなった風習

三十数年前の東京の雑踏では、お互いが視線や仕種等で瞬時に判断し合い、ぶっつかることはなく歩けた。

私はよく外国旅行をするが、街頭でぶっつかったり、身の振り方に迷ったりすることがある。それは瞬時に判断し合う方法を知らないために起こる、不安と戸惑いによるものである。

私たち日本人は、言葉だけではなく、類似する仕種や表情等で相手の行動や考えを読み取る知恵を持っていたが、今日では社会規範が緩み、そうした共通性や風習もなくなっている。その上、仲間で夢中に話したり、携帯電話に気を取られたりする人が多く、顔はこちらを向いているのに見ていない。そうした人々が集う東京の雑踏では、まるで外国の地を歩いているように、ぶっつかりそうになる人が多くなっている。

2．利己的な犯罪の多発

二十数年前までは、世界で最も安全で平和な信頼社会日本といわれていたが、今では治安が乱れ、金権主義者や犯罪者の多い不信社会になっている。

平成二〇年七月に北海道で開催された洞爺湖サミットは、経済と環境、エネルギー、それに食糧問題への対応が中心であった。これらは、多民族、多文化主義の国々が金権主義に邁進し、まるで強盗や詐欺まがいの犯罪的経済活動によって起こった結果的現象である。

日本は世界の中では大変珍しい統合された国民国家で、教育施設が最も発展、充実した教育立国だ。その教育の社会目的は、犯罪の少ない安定した社会を継続させることのはずであった。

類似する生活文化を共有するはずの日本で、欲しいから盗る、殺したいから殺す、金持ちになりたいから詐欺をする等、利己的な犯罪が多発している。

多民族国家では、権力や法律で規制しても利己的な犯罪は後を絶たない。日本がそのような国々と同じような社会現象を見せるのは、公教育の社会目的である国民化、社会化教育が十分になされていなかったからだ。

3．非行防止と自己鍛錬

非行とは、社会規範から外れた行いのことだが、これまでの日本の教育は、個人の幸福を最高とし、自由、平等、権利を主張させてきた。しかし、社会に必要な義務や競争、規範についてはあまり重視してこなかった。

そのため、社会規範を守るに重要な協調性や忍耐力に欠ける人が多くなっている。

少年教育にとって重要なことは、心身を鍛え、培う〝鍛錬〟である。鍛錬とは金属を打ち鍛える意味だが、教育的には修養、訓練を積んで体力、精神力を鍛えたり技術を磨いたりして、困難に打ち克つ力をつけることである。

日本には古くから〃自己鍛錬〃があり、近代的な学校教育以前から地域社会の青少年教育に活用されていた。そのため、青少年は自らを鍛え、律することによって体力や精神力を培い、一人前の社会人に成長できるように努力、工夫をしていた。

ところが、昭和五〇年代に入り、物が豊かになり、合理化、機械化が進むに従って自己鍛錬が薄れ、平成一〇年頃には意識されなくなり、インターネット時代の今日では死語化し、すでに二〇代の若い日本人に理解できない日本語になっている。その傾向と平行して青少年の心身が弱くなり、非行や犯罪が多発するようになった。

いつの時代にも青少年の非行や犯罪防止に最も重要なことは、心と体を逞しく鍛え、忍耐力、体力を培い、社会性、人間性を豊かにする自己鍛錬の機会と場を与えることである。

青少年交友協会が昭和四四年以来開催している〃かち歩き大会〃は、スポーツでもレクリエーションでもなく、日本の伝統的な自己鍛錬としての体験活動なのだが、今日では日本人に敬遠されがちである。

4．社会化を促す体験活動

私たちの住む社会から犯罪を少なくするには、権力や法律で規制するよりも、少年期にいろいろな体験活動を通じて社会化を促し、道徳心を高めることが最善である。

ここでの社会化とは、社会生活に必要な言葉、風習、道徳心、食物、生活力等の生活文化の共有を促すことである。

少年が成長するには、間接情報や理屈で知識や技能を身につけさせることも重要だが、異年齢集団の現場で他と共に行動し、感じ、考え、納得させることも必要である。そして、より健康で、より良い社会人に成長させるには二人以上で遊びや自然体験、生活体験、耐久運動等の体験活動の機会と場を与えてやることである。

しかし、体験活動は少年教育の手段であって目的ではない。その目的は、一人前の社会人に成長させるに必要な、好奇心、行動、思考、理解、納得（感動）、使命感等の心理作用を起こさせることである。

犯罪の少ない社会で、安全によりよく生活するためには、少年時代にいろいろな体験活動を通じて、生活文化を共有する社会化を促すことが最も重要なのである。

(15) 自己防衛能力の開発

自己防衛能力の基本を子に伝えるのは親の義務であり、自己防衛能力の高い後継者をつくるのは社会人の義務と責任である。

1．人間は無防備な動物

昭和五九年の早春、氷の張った山中湖で東大生数名が死亡した。親や周囲の人々は、「まさか！……」と驚いた。しかし、彼らの自己防衛能力は小学生程度のようであった。

長い人生を生き抜く知恵を得るためには、今日の受験用の知識は、あまり役立ってはいない。ところが、親も子も、そのことに気づいていないかのように受験勉強に走る傾向が強いため、つい、自己防衛能力の養成を怠ってしまう。

もともと人間は、最も防衛力の弱い動物のひとつである。まず、身体に特徴的な武器がない。犬のような牙も、猫のような爪もない。ふくろうのような目も、馬のような駿足や猿のような毛もない。大自然の中で毅然と生きられるに必要な能力を身につけていない。しかし、そのせいか、弱者として生きる知恵を持っている。

大自然の中で、なんとしても生きなければならなかった人間は、身を守るいろいろな道具を発明し、自然現象の特徴を発見し、絶えず工夫し続けてきた。先祖代々のその知恵が、人類の繁栄と幸福を約束してくれているのである。そのことを忘れた時、人間は大自然の中においてひ弱な存在でしかない。

特に、他の動物にはできなかった、直立二足歩行の能力を開発し、子々孫々に伝えてきた人間は、生活習慣の基本である歩行能力を世々代々啓発しないことには、健康で快活な生活を保障されない。

2．動物的防衛能力

〝可愛い子には旅をさせよ〟とか、〝獅子は我が子を谷底につき落す〟などという諺をよく耳にする。これは、防衛能力を培うための愛のムチなのである。

もし、愛のムチが親の手に握られていたとするならば、あの青年たちは、凍結するほど冷たい湖面を小さなボートで一〇〇メートルも漕ぎ出すようなことはしなかったに違いない。たとえ酒を飲んで酩酊していたとしても、自然環境と状況を本能的に感知するのが動物的防衛能力なのである。酒という気狂い水のせいにするなら、酒の度量を知ることも防衛能力なのだといわねばなるまい。

彼らが、もし、幼少年時代に自然を友として遊んだり、泥まみれで遊んだ経験や仲間との共同体験があったりしたならば、あのような事件は起きなかったにちがいない。

「自然を知る者こそ知恵者だ」

モンゴル族の諺であるが、いかなる民族にも共通することである。

自然は前ぶれなく、またそれらしき現象なくして、人間を暗い世界へひきずり込むようなことはしない。自然現象を正確に判断する能力こそ生きる基本的な知恵である。その知恵の伝承こそが、古来から社会人準備教育の基本であった。人間は大自然と共に生きるために学習してきたが、今日の複雑化した文明的社会では、更に多くの知識を得る必要に迫られて学校教育を発展させてきた。

冒険家、登山家の植村直己はマッキンリーの山に消えた。彼は社会的防衛能力については知る由もないが、動物的防衛能力は十分に培っていた世界的な男であった。しかし、その彼にしても、地球のはるか北にある高い冬山の自然現象を理解し得なかったのかもしれない。いや、それよりも、生きるために学習した知恵を過信したのかもしれない。

生命をかけて行動することが冒険であり、繊細な神経によって判断し、未知への挑戦を社会に還元する行為が探険であるとするならば、個人には冒険もよいが、社会にとっては探険的行為の方が防衛能力の開発に役立つに違いない。しかし、自然は恐ろしい。その恐れをなくした時に人は滅びる。

人間が長い人生を生き抜くためには、己自身である体内の小宇宙的自然と、体外の大自然の諸現象を正確に判断し、勇気ある行動が必要である。その能力は、幼少年時代からの体験によって培われ、開発されるものであって、決して机上論の知識によって養成されるものではない。

私の座右の銘は「繊細かつ大胆な行動」である。

3. 社会的防衛能力の養成

〝自由な社会では不安と孤独があり、規範と道徳心のある社会には安心とゆとりがある〟

これは私が世界の諸民族を探訪しての実感である。

青少年は、いつ、いかなる時代でも自由と冒険を求め、不安と孤独に文学的世界を求めるロマンチストである。しかし、今日の高等な文明的社会に育った青少年の不安と孤独は、いささか異なっているような気がする。彼らのその大きな原因は、幼少年時代から異年齢集団による共同体験によって啓発される知恵が十分身についていなかったからといっても過言ではない。なんといっても、体験的な知恵、見覚えた知恵、自己啓発の知識、予想する知識、見本をたくさん知ることなどが、自己防衛能力を開発するためには重要なことである。

よく、「臨機応変な処置」を望まれるが、いかなる人間でも、突然の出来事に遭遇した場合は一瞬自分を失うものであるが、より早く平常心に戻って正しい判断のできることをいっているのである。より早く正常な自分に戻るためには、その状況に類似した見本をより多く体験的に知っておくことが大事だ。自然環境においても、社会環境においても、いかなる場合にも自己防衛能力を発揮できるのは、状況の類似した見本をより多く体験しているか、見覚えているか、または聞き覚えているかである。最も役立つことは体験しておくことであり、聞き覚えていることはあいまいになりがちである。

自己防衛能力は、臨機応変の処置ができるほど効果があり、一層開発される。その基本を子に伝えるのは親の義務であり、自己防衛能力の高い後継者を育むのは社会人の義務と責任である。

健康で快活な生活は、いかなる医学的な知識や薬品でも保障されるものではなく、幼少年時代から培われる体験的防衛能力の開発によって約束される。そのためにも、幼少年時代から青年期にかけての身心を培う野外文化活動は、長い人生を生き抜くために大変重要なことである。

2　公教育と生活体験

(1) ポスト近代《モダン》教育とは

1．国語を理解しにくい子どもたち

今日の子どもたちの多くが、学習によって覚える国語を十分理解できないまま、授業を受けていると言われている。そしてその子どもたちに、もうひとつの言葉「英語」も教え込もうとしている。国際的商業主義の大人たちのコンプレックスによるものだろうが、子どもたちが一層国語を理解しにくくなるのではないだろうか。

明治時代から始まった、欧米化のモダニゼイションの思想が、戦後はアメリカナイゼイションに転換され、今もまだ近代《モダン》という合理主義と商業主義に溺れ続け、英語まで小学校で必修化しようとする発想につながるのだろう。

義務教育とは、社会の安定、継続を主目的とするものであって、今日の繁栄を促す商行為のためにだけ行うものではない。

今や地球は狭くなり、インターネット等の情報や商行為はボーダレス化してはいるが、日本列島の地域性をなくしては、日本の安定と継続は望めない。

義務教育でまずしなければならないことは、より多くの子どもたちが、日本語で何不自由なく話せ、読み、書きができ、理解できるようにしてやる努力と工夫である。

2．伝統と近代教育の違い

人類は、古代から社会の後継者を育成する努力と工夫を続けてきた。それは家庭や地域社会の生活の現場での伝統教育であった。

私たち日本人は、家庭で習慣的に身につける能力を〝しつけ〟と言い、地域社会で群れなして体験的に身につける精神的能力を〝素養〟と言い表していた。これらはいずれも子どもを一人前にする社会人準備教育であった。

子どもを一人前にするための伝統教育は、〝お陰〟や〝罰〟、〝義理〟、〝恥〟、〝笑い〟等という言葉によってもなされていた。それらは誰かに教えられて覚え、誰かに教えることによって学び、生活の知恵とするものであった（現代では教えられても知恵とする人は少ない）。

明治以後、欧米から導入された学校教育は、国の制度による同年齢の擬制社会で、文字を中心とする合理的な近代教育であった。それは生活の知恵を習得するためでなく、より多くの知識と高度な技能を身につけるためなのである。

古来からの伝統教育は、一人前の社会人を育成するためであったが、近代教育は、より良い国民を育成するのが目的となった。

3．近代教育の行き詰まり

国家が制度的に発展充実させてきた近代教育は、文字により、知識や技能を高め、民度の高い国民形成に大いに役立ってきた。しかし、それは、明治、大正、昭和三〇年代中頃までで、日本の発展とともに伝統教育が廃れ、学校中心の近代教育が充実されるにつれ、目的がぼやけてきた。

子どもたちは、学齢に達することによって学校教育制度に組み込まれ、間接情報と疑似体験の洪水に呑まれ、知識や技能は豊かになったが、遊びや生活労働等の体験が少なく、自然とのかかわりが乏しいために、人間性や社会性の形成か十分なされないまま成長している。その性格的特徴を具体的に表現すると、すでに記述したが、次の七つが挙げられる。

①打算的②指示待ち的③相手の心を知ろうとしない④人の上に立ちたがらない⑤無関心、無感動、無気力の三無主義⑥体格はよいが防衛体力は弱い⑦巣ごもりがち

①から⑤までは利己主義的、⑥は文明病、⑦は非社会的で心身症等の特徴がある。

これらは、社会人の基本的能力の未発達現象で、近代教育の目的からも外れ、あまりにも利己的になりすぎている。科学的文明社会においては、合理的な近代教育の行き詰まり現象が見え始めている。

4．新しき教育の模索

私たちは、肉体的には自然に大人になれるが、精神的には社会的刺激が必要である。いかに科学的な

文明が発達し、豊かな社会が達成されたとしても、人間らしく〝生きる力〟が必要である。

私たちの生きる力には、自分個人の生存と子孫を残すための、〝生物的生存能力〟と、自然または社会環境を十分に認識し、自分で考え、適切な判断と行動ができる〝社会的生存能力〟がある。

このような〝生きる力〟は、知識の学習だけでなく、幼少年時代に野外文化活動等の体験学習によって身につけることも大切である。

知識や技能を合理的に習得させるための近代教育の行き詰まり現象の中で、伝統教育による体験学習の重要性が再認識され始めている。特に、生活用語としての言葉（国語）には体験学習の裏付けが必要である。

幼少年時代の体験学習の重要性は、欧米ではルソーやペスタロッチ、デューイ等によって早くから提唱されていたが、日本ではごく普通のしつけや素養を中心とする伝統教育のことであったので、近代教育論としてはあまり評価されなかった。

ここで言う体験学習とは①無意図的②意図的③教育的等であるが、これらの体験学習の機会と場を与えることを『野外文化教育』と呼んでいる。

文明が発展するほど、国際化が進むほど、社会人に必要な基本的能力である〝生きる力〟を身につけさせるに最も都合の良いこれからの新しい教育、ポスト近代教育とは、伝統教育と近代的教育とが和合した野外文化教育のことである。

(2) 公教育に必要な生活体験

1. 人類未経験の社会

〝必要は発明の母〟と言われてきたが、人類は多くを創造してきた。例えば照明、電気、電子、電波、汽車や電車、自動車、船、飛行機、ロケット、その他諸々の化学物質や医薬品、医療器具等、数えきれない程たくさんある。

それら科学的技術による文明諸器具が、日常生活に及ぼす影響は大きく、社会的現象の変化は想像を絶する速さであり、人間の社会的あり方が不明で、子どもたちへの人間教育が対応しきれていない。

闇を征した照明器具、時間や空間を征した電子頭脳、社会的価値観を征した貨幣、移動の困難を征した乗り物等、必要性が生み出した多くのことが、これまでの社会性や人間性を狂わせ、多くの人が対応に迷っている。

特に、電子頭脳の発展は日進月歩で、社会生活への影響力が大きく、不安定な心理状態を生じさせている。そして、自信の持てない大人たちは、受動的に対応することがやっとのことで、子どもたちへの人間教育については、まだ配慮が足りない状態である。

しかし、われわれ日本人は、六五億もの人類が生活する地球が、いかに広くても、科学的文明が日本ほど画一的に浸透している国は、他にないことを認識すべきである。

物が豊かで、安定した科学的文明社会は、日本の他にはどこにもない事実を認識しない限り、人類が経験したことのない新しい社会に対応する人間教育、すなわち社会人準備教育の必要性が、自主的に芽生えてはこない。

これからの日本人は、後を追いかけてくる国の人々のためにも、人類未経験の科学的文明社会に対応する、少年期の人間教育のあり方を発見、発明する努力をし、産みの苦しみをしなければならない。

2. 科学的文明社会への対応

これまでの人類は、社会生活や教育のあり方、その他全てのことが、社会発展のためにあった。今もまだ、その必要に迫られている国は多い。

しかし日本のように、科学的文明が画一的に浸透している豊かな社会では、かえって人間性や社会性の発展が阻害されがちになって、文明化の意義とあり方の再確認が必要になっている。

古代から発展的思考によって生きてきた人類が、今やっと、安定的・継続的思考の重要性に気づき始めている。特に日本では、情報文明社会に生まれ育つ子どもたちが、成長過程において、個人的、利那的、虚無的発想の生活観を身につけて、ニートやフリーターと呼ばれる、非社会的な若者が多くなっている。このような非社会的な人が多くなる現象には、これまでの教科教育を中心とする教育観では対応しきれない。

人間の本質は、今も百年前や千年前とあまり変わっていない。特に幼少時代の子どもは、変わることのない動物的人間である。

変わらない子どもの本質を、科学的文明社会に対応する生活の知恵を身につけた、社会的人間に成長させる対応策が、新しい教育観による人間教育、すなわち社会人準備教育には必要なのである。

3. 生活者の育成

いつの時代にも、大人は子どもたちに、まず自然と共に生きるに必要な生活文化を伝えた。そのことからすると、教育の目的は、生活者を育成することであった。

ところが人口が増加して、文化が複雑化し、文明が発展すると、物事に対応する知識や技能が要求されるようになった。特に日本では、明治五年に学校教育制度が導入され、近代的産業化の進んだ欧米に追いつけ追い越せ式の、知識や技能である学力が重視されることになった。

そのため、これまでの日本の教育では、生きるに必要な生活の知恵、すなわち生活文化の伝承が無視され、新しいことに対応する知識や技能の習得、すなわち学力中心に考えられていた。

しかし、これからの日本に最も必要な公教育の目的は、社会意識を身につけた生活者を育成することである。

4. 社会人準備教育としての生活体験

生きる力を身につける人間教育に最も重要なことは、自然と共に生きてきた伝統的な生活文化の伝承が基本である。

科学技術がどのように発展し、豊かな社会になったとしても、生活者の知恵である生活文化を身につけていなければ、安心感を持てるより良い社会人にはなれない。

社会人準備教育の基本は、自然なる産物を料理して食べる、生活の知恵を身につけさせることだが、それらを言葉や文字、視聴覚機器によって教え、伝えることは困難である。

これからの高度に発展した、豊かな科学的文明社会に生まれ育つ子どもたちを、より効果的に人間教育する、社会人準備教育としての公教育には、一〇～一三歳の間に五日から一二日間の、自炊による共同宿泊生活をする、一～二度の生活体験が必要である。

（3）教育の手段を目的とするなかれ

1．教育の目的と手段

私たち人間は、個人であると同時に社会人であることが必要であるが、日本の民主教育は個人尊重の理念が強すぎて、社会人の義務と責任が軽んじられてきた。そのため、社会人としての基本的能力（野外文化）を身につけないまま成人し、一人前の社会人になろうとしない利己主義的な人が多くなった。

そのこともあって、教育改革の必要性が叫ばれて久しいのだが、公教育の目的は、いつの時代も一人前の社会人である後継者を育成する「人づくり」である。その目的を達成する手段として学校教育や社会教育、家庭教育等がある。教職員が、算数・国語・理科・社会等の教科書を使って行う学校教育の制度や内容、方法等は、全て人づくりの手段なのである。

2．成長に必要な精神作用

人づくりである青少年教育にとって最も大切なことは、子どもたちが見覚えたり、見習ったりすることのできる機会と場をつくってやることである。間接情報や理屈で知識や技能を身につけさせることも必要だが、現場で他と共に行動し、考え、感じることを欠いては、社会人としての十分な成長が望めない。青少年が、より健康で、より良い一人前の社会人に成長するためには、二人以上で共に行動するこ

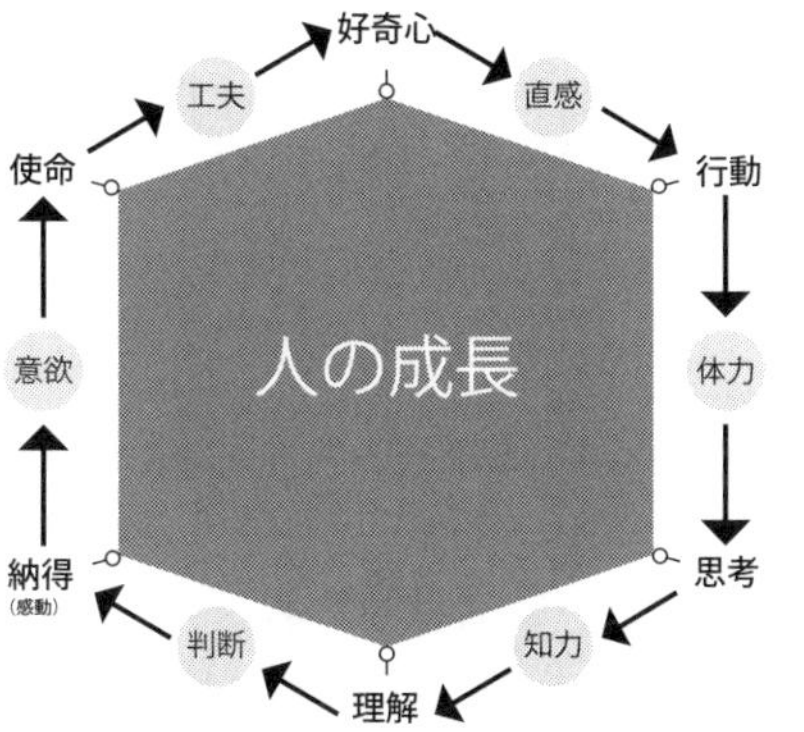

好奇心（直感）　精神的心理作用
↓
行動（体力）　身体的心理作用
↓
思考（知力）　知能的心理作用
↓
理解（判断）　知能的心理作用
↓
納得（意欲）　知能的心理作用
↓
使命（工夫）　社会的心理作用

とによって、次のような心理作用の変化を経験することが大切である。まずは、上図のように好奇心を持たせることから始まる。

①好奇心（直感）→②行動（体力）→③思考（意欲）→④判断（知力）→⑤納得（理解）→⑥使命（伝承）

野外で、異年齢の子どもたちに遊びや自然体験、かち歩き体験、野外生活体験等をさせるのは、青少年教育の手段であって目的ではない。その目的は、一人前の社会人に成長するのに必要な、このような心理作用を起こさせることである。

3．社会人としての共通認識

社会の後継者を育成する青少年教育の目的は、社会人としての共通性を身につけさせることである。

私たち日本人にとって最も大切なことは、日本語を良く理解し、風習や道徳心、信頼、善悪等を共通認識できることである。

そこで、小・中学校の公教育で最も大切なことは、日本語の読み、書き、会話が十分にできるようにさせることだ。今、関心を集めている英語は、日本人が国際的経済活動をする手段として必要なだけで、日常的に大切な言葉ではない。だから専門的には希望者が学べばよい。

もし、日本に二つの公用語が併用されるようになれば、必ず文化戦争が起こり、教育目的が薄れ、手段が横行して社会は不安定状態になる。

私は、若い人たちと行動を共にする上で、重要だと思われる日本語を次のように定義し、共通認識を深めている。
①仕事とは、社会的に有用な付加価値をつくり出し、高めること。
②叱るとは、過ちに気づかせ、然るべき方向に向かわせるように理性的感情を移入すること。
③誉めるとは、相手を認め、更に自信と誇りを持って、継続・発展させるように称えること。
④計画とは、自分及び組織の目的を間違いなく実行するために、誰が、いつ、どこで、何をどのようにするかを決めること。
⑤納得とは、物事をよく理解し、積極的に判断すること。
⑥勇気とは、細心の注意を払って大胆に行動する心意気。
⑦義務とは、社会の中で当然やらなければならないとされていること。

⑧責任感とは、自分がしなければならないことを実行しようとする強い心構え。
⑨使命感とは、与えられた任務を積極的にやり遂げようとする心構え。
⑩指導とは、物事を成功裡に遂行できるように指示を出し、その結果を確認してより高い目標へ向かわせること。

4．総合学習は教育の手段である

義務教育の目的は社会の後継者づくりである。学校教育の制度や内容、方法等はその目的をより効果的に達成するための手段である。今話題になっている総合学習、自然体験学習は、これまでの人類が経験したことのない科学的文明社会に生まれ育つ子どもたちを、より良い社会人に育成するために考案された、新しい方法や内容としての教育の手段である。

教育の手段は、時代と共に変化するが、目的は、社会的人間の本質が変わらない限り、変えるべきではないし、変わらないであろう。

人類にとって、これからの教育は大きな課題ではあるが、公教育の大目的である『読み』『書き』『算盤』の基本を確実に実践さえしていれば、より良い社会人を育成する目的は達成できるので、総合学習の方法や内容等の手段に囚われて不安がることはない。

（4）人類が伝えること

1．多様な能力

私たち人類は、自然環境に順応して生きるために、心身の鍛錬によって強健になる努力をするとともに、都合のよい環境をつくり、より良い生活をするために、いろいろな工夫をこらしてきた。

人間以外の動物は、生活手段が牙や角、爪、毛や羽根等のように特殊化されているが、人間はいかなる環境にも、いかなる環境の変化にも対処し、適応できる手段を案出する能力を持っている。そのため、生存手段としての生物的能力は、多様性という重要な性質を生み出し、環境への適応性を高め、同じことでもいくつかのやり方ができる。

例えば、食物を直接生で、または焼いて、煮て、蒸して、料理して……。それを手でつかんで、はしでつまんで、フォークで刺して……、または木の葉か、椀か、皿かにのせて食べる等、いくつかの方法がある。その中からら選び出して生活様式とした特定の方法が、それぞれの人間集団の持つ文化・民族文化ということになる。

2．社会的遺産

この地球上の自然環境は千差万別だが、それに応じて人間の適応の仕方が変わり、考え方が変わって文化の違いを生み出してきた。民族が異なるから文化が異なるのではなく、人間集団を取り巻く自然環境が異なるから文化が異なり、民族が生じてきたのである。だから、民族とは、人間的特質ではなく、文化を共有する人々の集団のことである。

文化は、見えないものを見る力、聞こえない音を聞く力、判断力、応用力、戒等の生活の知恵であり、その土地にある特自性の強いものである。ここで言う文化は、社会に共通する価値観や生活様式であり、巡る回く自然とのかかわりの強い、社会的遺産としての生活文化のことである。選び出された生活様式とした特定の方法が、それぞれの人間集団の持つ文化・民族文化ということになる。

自然環境に順応して生きる知恵としての生活文化は、長年にわたって伝承され、その土地になじんだ衣食住のあり方、風習、言葉、考え方や戒等の生活様式であり、社会遺産としての伝統文化のことである。だから、日本列島に住む日本人は、日本の豊かな自然と生活文化を信じ、住みよい所であると思うことが必要条件なのである。

3．万民共通の真理

自然は万民共通の絶対的真理であって、人によって向き、不向きはないので、自然を科学的に知ることは、学問や技術のためには大事なことだが、自然と共に生きるためにはそれほど重要なことではない。むしろ、自然そのものを信じ、豊かな所だと思って活用することの方が大事である。

文化には、社会の全員によって習得されるものと、選択によって選び出されるものがあるが、生活文化は、自然環境に順応して生きる人々の集団から受け取る社会的遺産なので、自分の属する社会から学び取る努力をしないと、社会生活に支障を来すことになる。

私たちが日常生活でそれほど意識しないでなす、様々な生活習慣は、先祖代々に培われた生活文化で、時は流れ人は去るが、世代ごとに変わるものではない。むしろ、変わり難いものである。

4. 人類は愉快な動物

これまでの人類は、自然の厳しさによって育てあげられてきた。地震や津波も、台風、乾燥、暑さ、寒さ、湿度、闇も、自然現象のひとつで、これらを恐れていては生きられない。重要なことは、いつ、いかなる時代にも、こうした自然現象に対応する知恵と体力や精神力を身につけることだ。

人間は生存手段を生物的な文化によっているが故に、それらを身につけるような大変弱い裸の状態で生まれ、生後の学習によって誰か他人から学び取らなければならない。そして、親や大人は、社会的義務として社会の後継者を育成するために保護し、生きる力を教え、伝えてやらなければならない。その期間も一四～一五年と長く、幼少年時代に数多くの他人を媒体として、身につけなければならないことが多い。

我々人類は、多種多様な文化を育んで今日まで生き延びてきた、生命力の大変強い愉快な動物なのである。そのことをしっかり伝えることが、大人の義務であり、教育の基本でもある。

（5）文化としての道徳心

1．道徳心の起こり

科学的文明が発達・発展して経済活動が活発化した今日、いろいろな社会問題が発生しているが、その主な原因は、人類に道徳心が薄れたことだろう。

古来、人類が最も恐れたのは闇であり、光のない世界は、不安と孤独にさいなまれ、人を謙虚にさせ、畏まる、慎んだ態度・姿勢を具現化させる。

人類は、その闇を制するために、文明の利器である灯明を徐々に開発、発展させたと同じように、多種多様な人が集う社会生活の不安や恐怖から逃れるため、徐々に規則や掟、慣例等を発展させた。

その古くから培われた暗黙の了解事項を守って、不安や不信、不満をより少なくする人々の心がけが、〝道徳心〟である。

道徳心は、社会生活を安全・安心に過ごす智恵であり、よりよく生きる心がけとしての社会的危機管理能力でもある。

2．法律との違い

稲作文化を中心とする定住社会であった日本は、社会の安定・継続を保つために信頼心を大事にしていた。そのため全体主義的になり、他人を思いやる道徳心が深まっていた。

大陸における多民族の不信社会は、略奪や紛争等の不和が発生しやすく、やむなく移動したり、安易に移住したり、日常的な話し合いによる約束事が守られないことが多かったので、条文化しておくことが必要であった。その条文化した物が契約書であり、法律なのである。

ここで言う〝法律〟は、時の政権が国会で決める、社会生活に必要なことを条文化したもので、応用が利かず覚えるものだが、恒常的ではなく、一夜で作文し、変えることができる。

道徳心は、社会的遺産であり、各自が感じ、応用するもので、一世代でつくったり、変えたりすることが困難な伝統文化である。

端的に言えば、法律は条文化されたことを覚えるもので、応用が利かないが、道徳心は伝統的な文化を感じて応用するものである。

日本人の日常的道徳心は、嘘をつかない、騙さない、盗まない、他人を傷つけない（殺さない）、挨拶をする、約束を守る等であったが、アメリカ化した今では、絵に描いた餅になっている。

いかなる時代にも、社会的には道徳心が法律に勝っている。それは、条文化した法律には、抜け道があるが、道徳心には抜け道がないからだ。

3. 社会的人と〝個人〟

私たちが社会的人として生きることは、ある程度社会に拘束されており、社会的に生きることは、道徳心や風習、言葉等の生活文化を習得し、日常生活を営む社会を信頼することである。それは、誰かの傍にいると安全、安心、幸福、満足な気持ちになれることでもある。

今問題になっている未婚化、少子化、個人化等は、非社会化現象である。社会生活を営む人類は、古代から種の保存と社会の安定・継続を願って、幼少年期から社会化教育、社会人準備教育をなしてきた。

しかし、戦後のアメリカ的民主教育は、幼稚園児から自由・平等・権利等の守られる立場の個人化教育が優先し、集団化に必要な規則・競争・義務等の社会化教育が疎かになっていた。そのため、今日の日本人の多くは、思いやる心や絆等の社会的心理が希薄になって、道徳心が弱くなっている。

日本以外の多民族社会は、自己防衛的にやむを得ず個人主義になりがちだが、〝個人〟と〝個性〟は基本的に違っている。

社会にとって個々の〝個性〟は必要だが、個人にとって個性はない。社会が安定・継続するには生活文化を共有する社会的人が必要。社会的人の〝社会人〟と、利己的な人の〝個人〟とは、文化的には違っている。

4．文化観の違い

今、日本はいろいろな面で世界から注目されているが、日本人が認識しておかなければいけないのは、欧米や中国大陸のような多民族による不信社会と、一三〇〇年以上も続いている天皇制を中心とした、統合された同族的な信頼社会における文化的、心理的価値観か微妙に違っていることである。

一般的に言えることは、信頼社会は道徳心や口約束によって、不信社会は法律や契約書によって保たれてきたことである。

何はともあれ、我々が楽しく、安心に暮らせるのは、どちらがよいとは断定できない。しかし、不信社会の人々の多くは、自分たちの価値観を一方的に主張しがちだが、実際には不安や不満が多く、不信感が強い。どちらかと言えば、信頼できる仲間のいる、信頼社会を望んでいる。

信頼社会であった日本が、今は一億総活躍などと言って、幼児期の母親までも労働戦士と見なし、家庭を顧みさせない近視眼的政策を推進しているが、信頼心や絆、安心等を培う機会と場が殺がれ、道徳心が一層希薄になることを承知しておくべきである。

(6) 少子高齢化社会の泥棒たち

平成一〇年八月二二日、関西空港からトルコ航空でイスタンブールへ飛ぶ。

翌二三日は日曜日で快晴であった。午前九時半頃、ガラタ橋のたもとから、三~四階建の石造りの家々が並ぶ旧市街の坂道を歩いた。ペルシア風のバルコニーが張り出している家の前で、テーブルを囲む男たちを撮影すると、お茶をすすめられた。

三三年前(昭和四〇年)の早春、初めて訪れた時のことを思い出し、静かな街の古いたたずまいを眺めながら、ゆっくり上った。

しばらく歩くと、日曜市の立つイスタンブール大学通りに出た。賑やかな市場の雰囲気を楽しみながら歩いていると、二人の若者がシャツを売りつけようと寄ってきた。首を横に振って断っても、なおも身体を寄せてくるので右手で二人を払いのけた。しかし、まだしつこく寄ってくる。「ノー」と強い声を出し、にらみつけて追い払った。その間僅か二~三〇秒のことであった。

市場通りを右折し、イスタンブール大学前の広場で、皮袋からグラスに注がれたブドウ水を飲む。代金を払おうとポケットに手を入れると財布がない。その時はじめて、シャツ売りの若者たちはスリだったことに気づいた。

私は、これまで三四年間、世界一二〇か国以上も訪れたが、まだポケットから財布を盗まれたことはなかった。だが、盗られた悔しさよりも、ジッパー付きのポケットから、素早く抜き取るプロ的技に感心させられた。

泥棒は、今も昔も、どこにでもいる。特に、いろいろな人や民族が出入りした、シルクロードの町々は、不信社会の典型で、盗難は日常茶飯事であった。

九月四日にコーカサス地方と中央アジアの旅から帰国すると、日本は、北朝鮮のミサイル発射（衛星打ち上げ）と防衛庁背任事件でゆれていた。それに、住専問題、大蔵省接待汚職に続く、金融機関の「不良債権問題」が大きな政治課題になっていた。

私は、これらのニュースに触れる度に、なぜかイスタンブールで財布を盗まれた時と同じ心持ちになった。北朝鮮のミサイル発射問題は外交的、防衛庁問題は行政的、不良債権問題は経済的または政治的な泥棒たちの仕業に違いない。

そんな思いの中で迎えた九月一五日「敬老の日」には、「少子高齢化社会」が話題となり、なんと六五歳以上が二〇四九万人となって、人口の一六・二パーセントを占め、一五歳以下よりも多くなりつつあるという。それに一〇〇歳以上が一〇一五八人もいるそうだ。

寿命が延び、人生八〇年となっても、六五歳以上は老人である。老人とは、多くの経験や知恵のある人を意味する社会的用語であるのに、今日の高齢者たちは、七〇歳になっても「老人」と呼ばれたくないという。彼らの多くが好む「熟年者」は個人的な言葉である。

人は誰もが先祖たちの多くの経験や知恵を引き継いでいる。その〝生きる知恵〟をこの世に残すための努力や工夫をしようとしない人は、『老人』とはいえない。

「敬老の心」は、老人たちが、古代からの知恵を青少年に伝えることによって、若い世代に自発する感情なのである。

社会の高齢者が、個人的な熟年者だけで、文化伝承の役目を果たしていないとすれば、彼らは文化的な泥棒である。

少子化による少年たちが問題になっているが、義務教育の先生方が、単に進級や進学のためだけに学校教育があると考えているとすれば、彼らは税金泥棒である。

一五歳以下の、まだ社会意識が十分でない子どもの責任は、保護者の親にある。子どもが泥棒等をしない、より良い社会人に成長することを願わずに、義務教育を受けさせている親たちも税金泥棒である。

今日の青年は、大変楽天的で個人主義の傾向が強い。特に、男子は社会貢献に消極的であるという。社会意識が弱く、権利と主張の強い青年たちは、社会的義務と責任の泥棒である。

人間の生き方は様々であるが、最も容易で、低俗な生き方は、〝美的、享楽的な生き方〟である。無教養で貧しい人々にとっては、道徳心や倫理は腹の足しにはならない。だから、盗んででも欲しい物を手に入れようと思うのだろう。しかし、古代から「人はパンのみに生きるべからず」という倫理的な生き方が必要なために、教養を高めるより良い教育が望まれてきた。

日本は、これまで、世界に例のない〝信頼社会〟で泥棒が少なく、あらゆることに〝頑張る人〟が多かった。しかし、今では、平等主義と個人的欲望を満たすための享楽的文明社会と化し、自己中心的な泥棒天国となってしまった。

（7）文化としての離合集散

1．整列できない子どもたち

「整列しなさい」

初日の朝の集いで二、三度叫んでも、なかなか整列しようとしない。整列の意味が分からないのかもしれない。

「ちゃんと並びなさい」

言い換えてみても態度は変わらず、個々バラバラに立っている。順序良く並ぶ意識がないのかもしれない。

小学五年生から中学三年生までの異年齢集団による、一週間の生活体験学校を開校するに当たり、いつも苦労するのは集団行動での離合集散である。

今日の小学生や中学生は、隊列の組み方や整列の仕方を知らない。学校で教えられているはずなので、もしかすると知っていても指示に従わないのかもしれない。

パソコンや漫画、アニメーション等に関することはよく知っているのだが、集団行動をさせようとすると、のらりくらりと夢遊病者のような表情で、勝手な行動をする。まるで集団行動の教育を受けたことのない子どもたちのようで、秩序が整えられない。

2. 誰を中心に開くのか

「体操のできる隊形に開け！」

四班体制に並び、二班の先頭のA君を中心に開けと指示を出す。ところが、そのA君が動いてしまう。何より皆が誰を中心に開けばよいのかを意識せず、個々バラバラに離れる。

ラジオ体操をするには、お互いにどのくらいの間隔で開けばよいのか、判断する基準が身についていないようで、一メートルも離れてなかったり、四～五メートルも離れてしまったりしている子がいる。

何のために、どのくらい開けばよいのか、立ち止まった所から前後左右を見て適当な場所へ移動しようとしない。自分の立っている場所が全体的に正しいのかどうかを判断しようとする気は、さらさらないのかもしれない。

「そんなに開かなくてもいいよ、もっと近寄りなさい」

三〇名くらいの子どもが思い思いに開くので、ラジオ体操の録音テープの音が聞き取れる範囲内に呼び寄せるのに時間がかかる。

やっとのことでラジオ体操を始めても、ラジオ体操のできない子が多くなった。知っていても、半分眠っているようで、しまりのない体操になる。

戦後の日本で、唯一全国的に共通した文化としてのラジオ体操であったが、今では教えない学校もあるので、誰もが知っている文化としてのラジオ体操ではなくなっている。ましてや、体操のできる隊形に開くことなど、受験教育には無用のことなのかもしれない。

3．前後左右へ倣え

「元の隊形に戻れ！」

ラジオ体操が終わり、散開していた子どもたちに集合するよう指示する。A君を中心に集まれと言っても、A君自身がその言葉の意味を理解できないのか、動いてしまうので集う基点がなくなる。

「A君は動いては駄目だ」

大きな声で指示されたA君は、急に直立不動になり緊張する。そのA君を中心に集合させても、前後左右を見て自分の位置が正しいかどうかを確かめようとしないので、列は乱れて雑然としている。

「気をつけ！」

気をつけの姿勢が分からないのか、なかなか両側に手を下ろして直立してくれない。

「A君を中心に倣え！」

ある者は右へ倣え、ある者は左へ倣え、そして前へも倣い、前後左右に自分の位置を確かめれば、きちんと順序正しく並ぶことができるはずなのだが、指示通りには動いてくれない。何より、私が指示する日本語の意味を十分に理解できていないようだ。

もう四〇年間も青少年教育活動を実践してきたが、私の話す日本語が徐々に通じなくなり、十数年前から子どもたちが離合集散の行動をうまくとれなくなってきた。

4．離合集散に必要な気配り

社会に規範が必要なように、集団行動における離合集散にも暗黙の了解事項が必要である。それは集団における共通認識としての価値観や風習等の生活文化である。

日本は、かつては世界で最も集団行動の得意な国民性があった。それは近代的な学校教育が始まる以前からある伝統文化としての気配りであった。その気配りが集団行動に必要な隊形を整える心得となり、見事に整列することができていた。

「右へ倣え！」「前へ倣え！」

集団を整列させるには絶対に必要な号令である。

まる一週間、毎朝号令をかけて離合集散の仕方を教えた。三日、四日と経つに従って、子どもたちは号令の意味を理解し、徐々に隊列を整えられるようになった。

最後の日の朝の集いでは、天気晴朗の下、子どもたち自らが前後左右を見て隊形を整え、きちんと順序正しく美しく並ぶことができた。

何をどうすればよいのか、その形のあり方は文化である。社会に必要な生活文化は、生後の見習い体験的学習や教育によって身につく。

（8）少年期に必要な集団化

1．群れ遊ぶ子どもたち

ここで言う少年期は六〜一五歳くらいまでだが、前半の六〜一〇歳くらいの子どもは、自然に仲間を求めて群れ遊ぶ。そして、仲間同士で集まっている安心感や存在感等の心理作用による集団化によって、規則・競争・義務等の必要性を体験的に学ぶ。それは、大人としての社会人に成長するための最初の試練である。

平成二二年一〇月下旬の某新聞発表によると、「仲間同士で固まっていたいか」という質問に、「はい」と答えた小学男子五七パーセント、中学男子五四パーセント、小学女子四八パーセント、中学女子四七パーセントであったそうだが、子どもが連れて行動することは、古代からごく普通のことだ。また、「仲間外れにされないように話を合わせているか」という問いでは、「はい」と答えた小学男子五〇パーセント、小学女子五三パーセント、中学男子四六パーセント、高校男子四三パーセントで、いずれも男子が女子より低かったそうだ。

少年期前半の子どもにとっては、「はい」と答える方がごく自然で、当たり前のことである。

子どもが群れ遊ぶことによってまず身につける社会性は、仲間同士がお互いの空気を読んで分かり合う集団化である。

2．仲間意識が対人関係を培う

子どもは仲間と群れ遊ぶことによって、仲間意識が向上し、規則・競争・義務等の必要性に目覚め、対人関係のあり方を覚え、言葉や仕草等による意志伝達方法を身につける。

また、野外で群れ遊んで切磋琢磨することによって、自然的危機管理能力としての〝勘〟が養成され、生きる基本的能力も培われる。

大人になるための通過儀礼的な集団化は、子どもたちに仲間外れになることを恐れさせ、用心深く同調する知恵によって、どこに属しているのか帰属意識を持たせる。

人は帰属化によって仲間意識や郷土愛等が強くなり、古里のような愛着心が深まる。さもないと居場所やアイデンティティーをなくして安心することができない。

少年期前半の集団化による仲間意識の向上によって、他を思いやる心や助け合い、協力・協調・親切心等の社会意識が芽生え、仲間を主体的に助け、守る意識が高まる。

私たち人間は、社会人としての基本的能力である言葉や風習が身につき、そして協力・協調、安全・衛生等の社会性が培われ、自立心が芽生えることによって対人関係がうまくなる。

3．個人化・幼稚化した大人

少年期前半に群れ遊んで集団化した子どもが、少年期後半（一一〜一五歳）の学習によって、自分は何者なのかを考えるようになり、自我の覚醒によって独立心が強くなる。

そして更なる学習によって他との違いに気づき、自由・平等・権利等の人権に目覚めて、他から守られるべき立場を意識することによって、唯我独尊的に個人化する。

しかし、風俗・習慣や言葉等の社会的あり方を学習し、他と比較することによって、我慢する力である忍耐力・すなわち欲求不満耐性が芽生え、社会的危機管理能力でもある〝道徳心〟が培われて、より良い社会人としての大人になる。

だが、戦後の民主教育を受けた多くの日本人は、少年期前半からいきなり個人化させられ、集団化の経過がなかったこともあって、利己的な幼さを引きずった幼稚化現象が強い。そのため、コミュニケーションがうまくとれなかったり、対人関係が結べなかったり、心の拠り所がなかったり、意欲が持てなかったりして、ニートやフリーターと呼ばれるような人や、巣ごもり的な非社会的な人が多くなった。そして、幼稚化した大人社会が、文字やイラスト、電波等を通じて子どもっぽさを演出し、一層利己的な個人化を促している。

4．個人化の前に集団化を

戦後日本の教育は、少年期前半に必要な集団化をないがしろにして、いきなり幼稚園や小学一年生から自主性や積極性、個性等の知識偏重による個人化教育の理念が強く、社会で守られる立場の自由・平等・権利を主張し続けてきた。

そのため、集団化に必要な信頼や協調性、道徳心等が薄れ、社会を守る立場の規則や競争、義務をないがしろにする利己的な人が多くなった。

社会人としての人間力の要素には、言葉、道徳心、愛、情緒、情操等の心、風習等の生活力や精神力・体力があるが、これらの大半は集団化によって培われる。

人間は、個人化する前の少年期前半に集団化が促されていないと、人を愛したり、協力し合ったりするより良い社会人になろうとはしない。発達段階でまず群れ遊ぶことによって集団化された子どもが、その後学習することによって個人化が促されて一人前の大人になれる。

社会が安定・継続するためには、より多くの人ができるだけ同じ方向に向いて協力し合うことが必要であるが、今日の日本は、皆が自分の都合によって別々の方向を向いている。

大人は子どものなれの果て、先生は生徒の成り上がりなどと言われてきたが、社会の後継者である青少年の学力同様に人間力をも高めていなければ、私たちの社会の安定・継続は望めない。

(9) 十日間の学校外教育制度の導入

1. 政治は人づくりから

豊かな科学的文明社会の最大の課題が教育であることは、多くの人が気づいているが、どう対応すればよいのか暗中模索の状態で、文明化に対応する〝人づくり〟があまり具体化されていない。今こそ政治が新しい教育政策に取り組む時である。

政治の基本は、暮らしやすい社会をつくるために重要なことを決めることであるが、今の政治は、結果としての経済不況や高齢化、少子化等の社会的現象に対応して、金をばらまいているだけのように思える。

いつの時代にも最善の策は、予防療法的な〝人づくり〟からやり直すこと。

人づくりの基本は、言葉や道徳心、義務や責任、衣食住や衛生の概念等、社会人の基本的能力(野外文化)を身につけさせることである。

私たちにとって、いつの時代にも変わらないであろう大事なことは、社会人の道徳心とお互いの信頼心である。義務教育は、その共通性を高めるためにあるのだが、文明化によって情報が氾濫し、利己主義者が増加したので、これまでのように学校内教育だけでは、その共通性を伝えることすら至難の業となった。

2．社会の安定継続のための教育

人類は未知なるものを探求し、開発、発展を望む性質があるので、いつの時代にも経済的繁栄が先走りがちである。政治の基本三要素は、社会の繁栄、安定、継続についての政策立案であるが、自然発生の弱肉強食的な経済的繁栄は多くの犠牲が生じるので、いつの時代も政治家の良識ある判断が望まれる。今、問題になっている経済不況や少子化、高齢化、学級崩壊等の社会問題は、政治が社会の共通性を軽視して、安定と継続の長期的展望を失い、個人の欲望を優先し、経済活動中心の場当たり政策を遂行し続けた結果的現象である。

社会が、利己主義的な個々のニーズに対応することは不可能であるのに、今日の政治は、それに対応しようとしている。

例えば、独り立ちしたくない人が多くなるようにしておいて、独り立ちを応援しようとしたり、男女の区別や役割をうやむやにしておいて子育てをさせようとしたり、働くことの意義や喜びか感じられなくなるようにしておいて働かせようとしたり、老人の知恵や社会的役目の重要性を見失った対応策を立てること等である。これらの全てが、社会の安定と継続を長い間軽視してきた政策の結果への対処でしかない。

個人の欲望を優先する利己主義者は、このような対症療法的政策を認めがちだが、正しい政治は社会の安定と継続のために、まず〝人づくり〟を最優先させることである。

3. マクロ的教育改革

自然の時の流れは、私たち人類にかかわりなく続いている。それを百年や五百年単位で考え、子どもたちを不安がらせるのは科学的文明中心の発想によるものである。

科学技術は日進月歩で、コンピューター等は私たちの生活様式に大変な影響を及ぼしている。だから、技術の世界による百年後は不明だが、私たち人類はそんなに変化することはなく、社会的に生きる本質は今とほぼ同じである。

私たち人類には個人であると同時に社会人であることが必要である。個人は死ねば全てが無になるが、社会人は消し難いものがある。そのため、社会人の立場でマクロ的に考え、行動する知恵が必要だ。

例え、遺伝子の組み変えが技術的に可能になったとしても、社会はその濫用を許しはしないだろう。生命科学の分野では〝遺伝子特許〟の取得が問題になっているが、遺伝子は自然の産物であって発明したものではない。発見でしかないことに商業的特許を与え、人類の本質を変えるようなことは人道に反する。

欧米は契約的不信社会であるが、人類の理想は安定的信頼社会である。私たち日本人は、これまでに意識せずして信頼社会を築き上げ、文化的先進国に住んでいた。私たちはその自覚と自信を持って、マクロ的な教育改革を推進すべきである。

4．十日間の学校外教育の制度化

私たち人類の能力は、生物学的にはある程度決められているが、少しずつ個々の違いがあるので、成長期の環境や努力によって少々高めることができる。特に、一二～三歳までの脳が発達を続けている間には、環境が大きな影響を与えるそうである。

これからの情報化社会で生まれ育つ子どもたちは、間接体験が多く、個人的な世界に埋没しがちになるので、知識や技術を合理的に伝えるだけではなく、他と共に行動する共通体験の機会と場を与え、人間本来の感じる心や生きる力を培わせる新しい教育観が必要だ。

文明社会の子どもたちにとっては、自然の中で他と共に生きる十日前後の生活体験が大変重要である。子どもは、同じ所で十日間も共同生活をすると、その体験は記憶の中に刷り込まれ「第二の古里」として消えることはない。

これからは、教科書を使う学校内教育と、教科書を使わない学校外教育の生活体験を、人づくりの両輪とする新しい教育政策が必要である。

そのひとつが、小学五年から中学二年の間に一～二度、十日間の生活体験をする学校外教育制度の導入である。

⑽ 人間は個人化より先に社会化を

1．まずは動物的社会化

人生の基礎が培われる少年期は六～一五歳くらいまでだが、前半の六歳～一〇歳くらいの子どもは、家族から離れて自然に仲間を求めて群れ遊ぶようになる。そして、仲間同士で集まっている安心感や存在感、居場所等の心理作用による集団化によって、規則、競争、義務等の必要性を体験的に学ぶ。大人になるための通過儀礼的な動物的集団化は、子どもたちに仲間外れになることを恐れさせ、用心深く同調する知恵によって、帰属意識を高めさせる。

動物的子どもは、帰属化によって仲間意識が高まり、他を思いやる心や助け合い、協力、協調、親切心等の守る立場の、文化的な社会化か芽生える。

いつの時代にも、少年前半期にまずしなければならないことは、動物的な群れなす集団活動により、帰属意識を高めて個人化する前に社会化を促すことである。

2．文化的個人化としての個性

少年期前半に群れ遊んで社会化した子どもが、少年期後半（一一～一五歳）の学習によって、自分は何者なのかを考えるようになり、自我の覚醒によって独立心が強くなるので、他との違いに気づき、自由・平等・権利等の人権に目覚めて、他から守られるべき立場を意識することによって唯我独尊的に個人化する。

社会は、ある種の儀礼や形式を守ることについての同意がなければ、共同体としての共存は成立しない。私たちは知識の習得や競争をしたりするだけでは、社会人に必要な社会化を身につけることはできない。知識や情報、技術はそれをうまく活用・応用して、集団の中で役立つことの特性・力としての個性にすることが大事なのである。

私たちの個性は、つくろうとしてもなかなかつくれるものではないが、いざという時に自分で考えて行動することによって培われるものである。だから、個性は予定や計画通りにならない時に対応する力のことでもある。しかし、まず社会化されていないと文化的個人化としての個性はうまく育まれない。

3．好き、心地よい感情と愛

私たちは、文字や言葉、視聴覚機器等で、心まではなかなか教えられない。かえって知識や技能が豊かになればなるほど利己的・刹那的になり、信頼と愛の心情を忘れ、不信感に駆られがちになる。社会人としての人間力の要素は、言葉・道徳心・愛・情緒、情操等の心・風習等の生活力や精神力・体力等だが、これらの大半は幼少年期の家庭や地域社会による、異年齢の集団活動によって培われる。

人は、幼少年時代に誰かと共にいたい、遊びたい、一緒にいると楽しいなどという体験をし、〝好きや心地よい感情〟が培われていないと、成人後に愛、尽くす、協力する心情を育むことは大変難しい。

好きとか信頼する愛の心情は、絵に描いた餅ではなく、日々目にしているご飯やみそ汁、漬物、沢庵のようなごく普通のものである。

心というのは精神的な心理作用のことだが、信頼心とは、誰かの側にいると安心、幸福、満足な気持ちになれることで、それが恒常的かつ相互的になると、〝絆〟になる。愛とは誰かと一緒にいたい、一緒に遊びたい、一緒にいると楽しいとか心地よいという素朴な気持ちで、他人を大切に思う心情である。愛の心情が身についていない利己的な人は、なかなか結婚しないし、簡単に離婚しがちである。

4．思いやりとしての社会化

本来、利己的な動物である人間は、生後の模倣と訓練によって、社会性や人間性豊かな社会化が促される。社会が安定・継続するには、より多くの人が家族的信頼心によって、できるだけ同じ方向に向かって協力し合うことが必要だが、今日の日本は、家族が崩壊しているので、家族的社会化を知らず、皆が自分の都合によって別々の方向を向いている。

そのため、今日の日本では人々の社会意識が弱く、国際化がどんどん進み、金銭的価値観による格差が生じ、貧困率が高くなっている。しかも、自殺率が世界で最も高い。その主な原因は、少年期前半の群れ遊ぶ集団活動の体験が少なく、安全・安心が感じられず、心の拠り所をなくした利己的で孤独な人が多くなったことによる。

私たち人間は、少年期前半の群れ遊ぶ集団活動によって仲間意識が芽生え、他を思いやる心や助け合い、協力・協調・親切心等の、守る立場の社会化が促されていないと、対人関係がうまく保てない。

3　これからの教育改革

（1）野外文化活動に関するお願い

私は日本の社会人であることに疑問も不満もないが、共通語を持ち、風俗習慣を同じくして生活する日本人社会で、日本の生活文化を子どもたちに伝承する義務と責任がある。

1．社会と無縁な価値観

「偉い人ってどんな人ですか？」

私は、これまでに世界一一一か国を訪れ、いろいろな人に質問した。

「社会のために努力してくれる人」

「社会の将来を考え、公正な立場で指導してくれる人」

「社会の平和と安全と繁栄のために努力してくれる人」

地球上のどこの人々も、自分たちの社会を中心に考えるのか、答えはだいたい同じであった。

「有名人ってどんな人ですか？」

「名前のよく知られた大金持ち・芸能人・大悪人・スポーツマン・タレント……」

「有名人は偉い人ですか?」

「そうでもない。社会のために尽くしてくれる偉い人は社会に必要ですが、単なる有名人はいなくてもよいものです」

世界各国の〝偉い人〟の価値観は、自分たちの社会への貢献度によるもので、知名度だけではない。日本はマスコミュニケーションが非常に発達しているので、営利目的のために有名人を簡単に乱造している。そのせいか、『子どもは王様』『有名人は偉い人』『金持ちは偉い人』等の価値観が一般的になっているようで、なんでもかんでも大ぼら吹いてしゃべりまくり、好き勝手に書きまくる方がよしとされているが、自分たちの社会についてのかかわりや認識は薄い。なにより、子どもたちが王様になる社会は、価値観の多用化というよりも幼稚化である。

2. 子どもは動物

今から百年ほど前、インドにオオカミ少女がいたそうだ。彼女は八歳でオオカミから救い出され、人間社会に住んだが、一七歳で死ぬまで四つ足で歩き、物を手にするより、犬のように這って食べ、オオカミのような発声を得意としたそうだ。

これは、つくり話であるかもしれないが、人間が動物であり、幼少年期の生活環境によってはどうにでも変わることを証明している。

だから、生後間もない日本人の赤ん坊を、中央アフリカのビソケ山中に棲息するゴリラに育てさせると、ゴリラと会話ができ、四つ足で歩いたり木に登ったり、二本足で立って胸を叩き、野生のごぼうを食べるようになる。

日本人は、日本の子どもは誰でも日本語を話し、日本の風俗習慣を身につけていると思いがちだが、子どもは周囲の人々に教えられて覚える。

日本人の子どもを、アメリカ人がアメリカで育てると、英語を話し、オートミールやパンを食べ、ミルクやコーヒーを飲み、フォークやナイフで大きなビーフステーキを食べ、九月に新学期が始まることに不思議を感じなくなり、人種的には日本人でも社会的にはアメリカ人に成長する。

アメリカ人の子どもを日本人が日本で育てると、日本語を話し、茶碗の飯を箸で食べ、魚貝類や鯨・納豆・漬物を食べ、みそ汁や緑茶を飲み、桜の花が咲き、新緑萌える四月の入学が当たり前になり、社会的には日本人に成長する。

四、五歳頃までの子どもは社会的な特徴が弱く、文化的には無国籍で、順応性が強く、動物的である。

3. 社会人の本質

私は三五歳になるまで、世界中どこの民族を訪れても、同じように生活ができ、何でも食べられた。が、昭和五五年の一月、ネパールの奥地ムスタン地方の標高四〇〇〇メートルに滞在中、米飯や漬物、みそ汁、魚、持に目刺しのような干し魚が食べたくて仕方なかった。私はいつの間にか日本の食生活が最も適しているようになっている。これは、人間誰でも、自然に順応する防衛能力があるからで、年齢とともに地域社会の生活文化に精神的、肉体的に適応するからだ。

世界のいかなる民族でも、子どもは異文明や異文化に順応できるが、防衛能力が未発達のため保護を必要とするので、社会では準社会人。一五歳から三〇歳くらいまでの青年は、異文明に順応できるが、異文化には順応しきれず悩む。防衛能力はすでに十分発達しているので、自分の選択によって社会を変えることもできるが、確かな価値観を持っていないし、精神的には不安定な社会人。

三〇歳から四五歳くらいまでの人は、異文明に順応するのに時間を要するが、異文化にはなかなか順応せず、拒否反応を示し、社会の安全を考えるので、精神的、肉体的に地域社会に密着した社会人になり、安定感を好むようになる。だから社会人という場合は三五歳以上の人が好ましい。

四五歳以上になると、異文明には順応せず無視する傾向にあり、異文化には強く拒否反応を示し、自分の社会に固執し、社会人の権威を主張するようになる。

これは地球上のいかなる民族にも言えることだが、自分の社会で三〇年間も生活すると、精神的肉体的に最も都合よく順応した社会人になり、異なった生活文化の社会にはなかなかなじめなくなっている。そのせいか、今の私は日本と日本人が一番素晴らしく思える。

私は日本の社会人であることに疑問も不満もないが、共通語を持ち、風俗習慣を同じくして生活する日本人社会で、日本の生活文化を準社会人達に伝承する義務と責任がある思いに駆られる。

4．地域社会と野外文化活動

地域社会というのは、範囲を決められた、または決めた社会のことで、子どもから老人までが一緒に生活している所のことである。

社会は、共通語を持ち、風俗習慣を同じくする人間の集合体のことだから、社会人は子どもたちに、自分の文明や文化について社会人準備教育をするのが普通である。

主義、思想、宗教による価値観は時代と共に変化するが、社会を営む人間の基本は、どんなに文明が発展しても、古代からあまり変わっていない。世界中のどこの民族にもあるお祭り、年中行事、農林水産業、助け合い活動、遊びと競技大会等、子どもから老人までが同じ条件で、同じように共同体験できる野外での活動、すなわち、人間性を培い、生活文化が伝承される野外文化活動の機会と場がこれからますます望まれる。

世界で最も画一的に発展した、平和で豊かな日本をより長く維持するためには、これからの社会人の質が問われる。理想を百万回唱えるよりも、地域社会の社会人が、今すぐに豊かな人間性を培い、活力ある社会人を育むための野外文化活動の重要性を理解し、実践するよう努力していただきたいものである。

(2) 新日本人からの提言

防衛論議が盛んであるが、武器戦争だけが恐ろしいのではなく、日本の生活文化に対する間接的な文化的侵略によって社会的衰退を招くことの方が恐ろしい。

1．人類史の中の戦争

八月はテレビや新聞等で〝戦争物語〟をする月だが、昭和五五年はいつもと少し違っていた。国防や憲法第九条について、戦争を体験している旧日本人たちが、これまでになく、いろいろと論評し合っていた。しかし、戦争を知らない、戦後の民主主義教育を受けた新日本人たちにとっては、社会だとか国の概念が明確に認識されていないので、何を基準に考え、どう判断すればよいのか判明せず、単なるマスコミのニュースショーでしかないし、その具体的な事例には戸惑いすらあった。

〝全世界を敵として戦うという暴挙をあえて行った軍国日本は、敗戦と全土占領の結果、非軍事化されてしまった。これはいわば天罰である〟

ある著名な旧日本人の論評だが『全世界』とは、かつての欧米諸国の植民地国のことだろうか……。東南アジアや中近東、アフリカの諸国は被植民地国であったわけだが、現地の人々は日本の戦争は暴挙であったとは思っていないし、ましてや『天罰』などという表現は決して使わない。彼らは、一九四五年以後のアジア・アフリカ諸国の解放及び独立のきっかけが、日本のアジア・太平洋戦争、日本的には大東亜戦争であったことをよく知っている。

新日本人の一人である私は、欧米だけではなく、アジア・アフリカ諸国もくまなく探訪し、いろいろな人々から人類史を欧米中心だけではなく、全体的に見る必要性を教えられた。

2. 祖国愛は大地への信頼から

平和であることの楽しさ、素晴らしさや物質的な豊かさについては、戦争を知らない新日本人よりも、旧日本人の方が、はるかに具体的な事実として認知されていることだろうが、『天罰』と表現したり、いつまでも臭いものには蓋をしてアレルギー反応を示したりすることは、新日本人に社会への信頼と自信を喪失させることになる。

私たち、昭和二〇年代に小学校に入学した新日本人の最初の世代は、入学以来、いやというほど懺悔教育を受け、祖国と自信喪失の不安と不満が胸いっぱい詰っている。そのことによって、文化的な土着性に欠け、精神的放浪者の自由と平等を根底とする個人主義を身につけているわけだが、それがかえって不幸になるのではないかと、気になり始めている。

世界中、どこの国を訪れても、庶民は自分の大地を信じ、自信と誇りに支えられて社会生活を営んでいる。中には大地を捨て去る者もあるが、それは少数。だから自分たちの過去を批判し、改善することはしても、否定することはしないのが普通だ。

主義や思想が文明の高度化に適応しきれなくなって、修正をやむなくされるように、戦争という、領土と生命を奪う軍事的な行為だけが恐ろしいのではなくなってきている。それよりも、巨大な政治力や経済力の間接的な侵略によって、地域社会の生活文化を破壊し、価値観や人生観の基準をなくして、社会生活の意欲や自信を喪失させられることの方が恐ろしいことなのだ。

いかなる文明の利器によっても大自然を変えることは不可能。大地と共に培われてきた生活文化の本質を、文明によって変えられると錯覚した民族は、すでに精神的放浪の民なのである。

3．日本文化の衰退

〝日本にできて、アメリカができないのはなぜか〟

昭和五五年八月下旬、アメリカのテレビ番組をＮＨＫで紹介していた。アメリカ至上主義の教育を受けた私には、信じられない思いと痛快な気持ちとがないまぜに、興奮状態で画像を追い、アナウンサーの声に聞き耳を立てた。

アメリカの自動車業界が、日本のメーカーとの競争に負け、経済的不況から失業者が続出し、大きな社会問題になっているとのことだが、何でもアメリカの真似をする現在の日本では対岸の火事ではない。しかし、多民族国家の物量主義に麻痺したアメリカ社会に、何かの〝非〟があったことは否定できない。人間の偉大さは、努力と工夫を絶えず繰り返すことのはずだが、もしかすると、アメリカはそれを忘れていたのではないだろうか。とすると、豊かさと強さを誇ったアメリカの社会と人間の質が、日本よりも優れていたという確証はなくなったわけだ。

「アメリカ人はタバコの釣り銭をよく間違える」

「アメリカ人は手先が不器用だ」

「アメリカ人は足腰が弱い」
「アメリカ人はあまり働かないで、楽しむことばかり考えている」
「アメリカ人は四歳にして独立心を持ち、他人をあまり信用しない」
「アメリカ人は自分の〝非〟を認めないで主張ばかりする」

旧日本人たちは、アメリカ人に対するコンプレックスのせいか、優越感を誇示するかのように、昭和二〇年から三〇年代にかけて、私たちによくこんな話をしてくれた。ところが、今日（昭和五九年）の新日本人が、そっくりそのまま同じ表現をされるようになっている。旧日本人たちは、一体いかような新日本人を育てようとしていたのだろうか……。今のアメリカ人は、旧日本人たちの努力と工夫によって発展した日本を見習おうとしているのだが、これからは、アメリカナイズされた新日本人が、ますます多くなる。

4．社会の敵は内にあり

社会の敵は外にばかりあるのではない。長い人類史をひもといてみると、殆んどが、内部の衰退によって外の敵を招いたものである。日本の場合は、アメリカの政策的意図があったようだが、戦後三五年にして、土着性の喪失による社会的衰退の傾向が見え始めた。

今日の日本が最も気をつけなければならないことは、軍備を拡大して外敵に備えるよりも、内部の社会的衰退を招くことだ。

資源のない日本の豊かさは、アメリカの支援もさることながら、敗戦によっても消滅しきれなかった日本文化の特徴がいかされたことにもよる。政策的に否定を強いられてきた日本文化の継承には、世界的視野の見識と洞察力のある政治家が必要である。

もし、本当に日本の安全と社会的衰退を心配するならば、たとえ憲法であったとしても、絶えず討議し、論争して、必要ならば改革、改善を加えるのが自然ではないだろうか……。外圧がなければ、こけのむすまで守り通すことの好きな国民性なのかもしれないが、かつての勅命を盲信したと同じように、硬直状態では万民の納得が得られず、砂上の楼閣になる恐れがある。

物質的な豊かさのみにあぐらをかいていると、イギリスやアメリカが社会の内部衰退という思わぬ身近な伏兵によって衰退したと同じ道を、日本もまた進まざるを得なくなる。

（3）母系社会の男たち

女性が親族集団の成員権や財産の所有権を持つ母系社会では、社会の管理や監督権は男性にゆだねられている。

1．男女関係の不安定な社会

野性動物の殆どが母親を中心とする社会生活を営んでいる。人間も決してその例外ではなく、インド東北部、メガラヤ州のカシ族は女性中心的な母系社会である。

カシ族の社会では、親族集団の成員権や財産所有権は母親にあり、その継承権は末娘にあるので、男たちは他家の女性と結婚して生家を出る。末娘以外の女は結婚すると生家を出るが、親が近くに家を建てて与えるので遠くへは行かない。

婚姻は、男が女側に同居することだが、男には婚家の成員権や財産の監督権はなく、生家の姉妹の家族集団の成員権と財産の監督権がある。この監督権は、兄弟から姉妹の息子へと継承される。だから、男は結婚後も生家の方が居心地よく、絶えず訪れるので、子どもは父親よりも、母方の〝おじ〟に親近感を持つ。

一般的に、男は夫や父親という家族関係に重要性が弱く、いつまでも母系集団に深くかかわりを持ち、おじさんの社会的監督権が強いので、妻との関係が非常に不安定な状態である。

同族結婚が厳禁されているカシ族の母系社会では、親族集団構成員は、母系子孫の四世代までとなっているので、婚姻を結ぶのはこの親族集団以外の者である。男女関係は女の同意があれば成立するが、結婚の決定権は母親にあり仲介役は生家のおじさんである。

2．女に権利を与える

私が訪れたサングリアン家の女家長は七八歳のツイナさん。彼女は客である私の手を握り親しげに挨拶した。孫娘の夫ローインさんは、彼女が出てくると部屋の片隅に座った。サングリアン家では、彼女の同意なくしては何ごとも始まらない。

「どうして女性が男性よりも強いのですか」

私はローインさんに尋ねた。「女性は男性よりも弱いからです」

彼はごく当たり前に答える。

「弱いから権利を与えるのですか」

「そうです。その通りです。しかし、本当は強いのです。女性は男性よりも神秘的な力を持っていますし、強い男を産むではありませんか」

彼は、男が女に権利を与え、男はその女のために生きるのだという。彼のいう女性の神秘的な力というのは、女性の生殖能力のことである。人間にとって、新しい生命を生み出す女性の繁殖力と母性愛は絶大である。

〝弱き者、汝の名は女なり〟という体力的な差のある自然界で、男と女が平等に生活するためには女に社会的な権利があり、男に自由な行動がある方がよいのかもしれない。

メガラヤの母系社会を単純に表現すると、男たちが女に権利と義務を与え、自分たちのつくったルールに従って社会生活を動物的に営んでいるともいえる。

これは、社会的に強い女性と、腕力の強い男性の和合した、女性崇拝の象徴的母系社会であり、母親を中心とするおじさんの後見社会でもある。

3．男たちの放浪

結婚は、男が女の家に住みつくことであるので、娘がいないと姉妹や親戚の娘を養女にするが、男を養子にすることはない。

ローインさんは、一二年前、一八歳のマエルさんのいるサングリアン家の仕事を手伝っているうちに、彼女の同意が得られて同棲し、すでに三人の子どもがいる。妻の妹のツリナさんも、末娘ミルダさんも結婚した。同年輩の男が三人いても仕事はないし、居づらいので彼は家を出た。だいたい、男たちはよく他の村に出稼ぎに行くし、生家に戻るので、一、二か月やそれ以上もの長い旅に出ることが多い。

サングリアン家の家族は子どもをいれて一四名。ところが父親のノルシ（六〇歳）と次女の夫プラバツ（三〇歳）が遠くへ行って家にはいなかった。祖父は死んだので、同居者は末娘の夫一人である。だから私が女の多いサングリアン家に同居していると二人はまだ若いので、いつも女性に見られているような気がした。

ローインさんもそうだが、男は他の家を訪れて話し込むとなかなか腰を上げないし、生家に戻ると何日間も滞在する。男がよく婚家を出るのは、旅をするだけではなく姉妹のために野良仕事をするからでもある。

女は、兄弟がいないと男手がなくて一生つらい思いをする。夫がいても離縁すれば他人である。女にとって夫は、単なる労働者であり、夜の相手であることが中心で、一家の内部事情には通じていない部外者である。

土地が開墾され、田畑が多くなると、女たちは自分の所有地なのでせっせと農作業に従事して収穫を上げるために努力するが、男には自分の管理する田畑はあっても所有地はないので、労働に自主性が乏しい。家を守る女よりも、自由に行動する男の方がはるかに行動範囲が広い。己を鍛えるためによく放浪の旅をし、村や女を守るために、思い残すことなく戦って死んだのかもしれない。

4. 母親への回帰

人が死んで火葬に伏されるのは早くて死後数日、遅いと風葬されて数年後にもなる。火葬された骨は、まず〝マウスヤ〟と呼ばれる第一の墓に安置される。そして、五〜一〇年後にもう一度火葬され、〝モバ〟と呼ばれる第二の墓に移される。女の場合はモバで先祖たちと共に安らかに永眠できると思われているが、男の場合はまだ安らかに永眠できず、魂が母を求めてさまよっているといわれる。だから、モバに安置された骨を、男の姉妹や母方の姪がもらい受けにきて、生家に持って帰る。そして、母方の親族が集まって再び火葬に伏す。

三度も焼かれた男の骨は、母方の直系の先祖たちのいる大地に安置される。その場所をペッバ（母の家）と呼ぶ。

男は死後の世界でも生地の母のもとに帰ることによって、魂が永遠の安住を約束されるという。女性崇拝の母系社会においては、男と女の愛ははかなく、不確実なもので、母と子という関係こそが永遠であり、男は最後には母親のもとへ帰ると信じられているが、欧米等の文明社会には、どういうわけか父系的な社会が一般化していて、男と女の愛が永遠のものとされている。

(4) 青年の行動の原点

行動が正しいかどうかは後日に任せるしか方法がないので、ことの始まりを知り、経過を意識することができるならば、まず己の信ずるところに従って行動することである。

1. ふるさとからの出発

幼少年時代を過したふるさとの海や川、野山は実に素晴らしく、街は情緒があり、人々はいつも変わりなく元気なのである。しかし、いつも変わりない幻想の世界を求めて帰省すると、世界一素晴らしいはずのふるさとは、広くもなければ美しくもない、ごく普通の街であり自然でしかない。ただ、ふるさとをはなれた年月が過ぎていくにしたがって、見知らぬ人が多くなるだけである。

ふるさとは常に心の中にあるもので、現実にはもう幼少年時代の世界に戻ることはできない。しかし、いろいろな人々と共に体験した、数えきれない想い出を脳裡から消すことはできない。この幼少年時代に培われたふるさとの情感が、いつ、いかなる時にも励まし、慰めてくれ、善悪の価値基準になり得るし、社会の見本ともなる。

いつの時代にも、比較する知識を持たず、目の前がすべての世界である子どもにとって、周囲の街や自然は素晴らしく大きな世界なのである。ふるさとは、成人後にはつくることのできない、幼少年時代の偉大なる宝物なのだ。この宝物をより多く両手にかかえて巣立つ若人こそ、活力と行動力に満ちた青年なのに違いない。そして、そのふるさとは常に心の支えとなって共にある。

2. 経過の中の夢

「このごろの子どもは遊びを知らない」

よく耳にすることだが、実に身勝手な言い種である。子どもはもともと本能的なこと以外は知らないもので、いろいろな機会と場を通じて、体験的に遊び方を覚えるものである。今の子どもは、見覚える機会と場がないので、遊び方を知らず、遊べない、遊びたがらないだけのことである。

ところが、この遊びの体験が少ないことは、活力のある豊かな人間性を育むことに大きな問題点がある。それは、素朴な心での共同体験が少ないため、見習う喜びを欠き、協調性や指導性の社会的意義を認め難く、ことの経過と結果による納得を知ることができないまま成長し、精神的幼稚化現象の青少年が多くなることである。

いかなる時代にも、文化的伝承は納得なくしては不可能であり、納得は実体験なくしてはあり得ない。幼少年時代にいろいろな遊び等の野外文化活動を共同体験しえなかった青年は、あらゆる面で社会の後継者になり得ないし、活力も行動力も弱い。今日の青年のシラけムードは、この幼少年時代の共同体験の少ないことに起因するものと思われる。

子どもはいろいろな遊びごとがただ面白く、楽しいから遊んでいるだけのことだが、一度覚えた遊びは、何十年後にもできるし、ちょっとしたヒントで思い出すことができる。そして、気づいていなかった遊びの論理や効果について、しばらくたってからやっと知ることができ、「なるほど……」と納得することも多い。この納得の経験のない青年は発想が貧弱で独自性が弱く、長期的展望が立たないので、現実的になりやすく、行動力に欠ける。

社会状況が向上または安定している時にはよいが、不安定または下降している場合には、幼少年から青年期により多くの共同体験をし、納得できる機会と場をもって洞察力を身につけておかないと、ますます落ち込んでしまう。

とにかく、幼少年時代の単純な遊びの世界から、大人の複雑で文化的な世界までの経過と結果を知ることが知恵なのだが、青年は、結果よりも経過の面白さに夢中になることが行動力を培うことになる。

3. 結果を恐れない行動

昭和六〇年は国際青年年であり、政府は青年中心の事業に脚光を浴びせようとし、突然に青年意識をもたされた若者たちが、戸惑いながら周囲を眺めている様子である。

「青少年健全育成」とよくいわれるが、青少年は健全に育成されたいなどと思ってはいない。それは、彼らがことの経過をそれほど意識していないし、まだ結果をよく知らないからである。しかし、数十パーセントの少年は、ことの始まりを全身で感知し、青年はその経過について意識をもっているはずである。そして、その意識か青年に限りない夢を与え、結果を恐れない冒険的な行動を起こさせる。

ところが、ここでよく考えなくてはならないのは、幼少年時代に自然環境や社会との結びつきを知らないままで育った青年は、知識的には秀れていても、ことの経過を意識する知恵をもっていないことである。ということは、ことの始まりを知らないし、自主的参画の方法を身につけていないままであるということだ。

今日の多くの青年は、小学一年生から知識教育重視の社会環境に育ち、野外文化活動等の共同体験をもつ機会が少なかったので、社会人としての基本的理念が弱い。彼らの多くは、物心ついて以来、知るため、または生きるための手段ばかり学習してきたので、自らことを始める知恵が少なく、すでに既成の生活に疲れてうんざりしている。

孔子の「論語」には、〝吾、十有五にして学に志し、三十にして立ち、四十にして惑わず、五十にして天命を知る……〟とある。しかし、今日では、人間の本質は変わっていないと思われるのだが、〝吾、十五にして学ばされ、十有五にして立ち、二十にして惑わず、二十五にして天命を知る……〟となりがちである。

自分が経済的に豊かになることだけを望み、社会のために尽くすことを意識せず、世界で最も社会とかかわりをもちたがらない消極的、無関心な青年の多い日本で、突然に〝国際青年年だ！〟という叫び声がこだました。しかし、今まで受験戦争の中であえいでいた多くの若者たちは、社会の後継者たり得る青年になるための社会的、人間的な準備をしないままなのである。

子どもたちが青年になるためには、やはり小中学校時代に、野外文化活動等の共同体験を通して、社会性や人間性を培っておかなければならない。そして、義務教育は受験用や生産手段のためにあるのではなく、社会の基本三要素である〝徳知体〟を十分に習得させるゆとりが必要である。

4．己を信じ実行あるのみ

青少年の社会教育で重要なのは、ことの始まりと経過を知らせることであって、結果を教えることではない。結果を知りすぎると夢も冒険も膨らむことはないし、行動への活力も衰退し、若さがなくなってしまう。

受験戦争で知識重視の教育を受けてきた青年は、すでに理論の世界で結果を知っているので、夢や冒険等にロマンを感じることが少なく、行動力が弱くなりがちであるが、青年の活発な行動力は、ふるさとが世界一素晴らしいと思えるような没我的な思いいれや、比較するものを多くもたない純心さからくるものである。その行動が正しいかどうかの判断は後日に任せるしか方法がないので、ことの始まりを知り、経過を意識することができるならば、まず己の信ずるところに従って行動することである。実行しなかった悔やみは長く尾をひくが、行動の結果を悔やむことは納得しやすく、再出発の知恵とすることができる。

青年は、結果を恐れることなく、多くの行動を積み重ねることによって活力を培い、次なる行動へと躍進する。そして、行動はいつも大胆かつ繊細にあるべきで、無謀であってはなるまい。青年は、ことの経過の中にいる己を信じて行動するから燃える。

（5）小中学生に生活体験を

地域社会における社会人準備教育の機能が衰退している今日の日本では、教育も育成も学校に頼るしかあるまい。そこで、国家の政策として学校教育の中に、基本的能力を育成するための生活体験の授業を、取り入れることが必要不可欠となる。

1．抽象的教育の普及

平成八年、国会議員の文教委員会では、最古参の一人である海部俊樹氏が首相になった。しかし、所信表明演説の内容は〝さすが〟と思える点は少なかった。教育界では、巣ごもり現象や非行、援助交際、犯罪、いじめなど青少年の非社会的問題が多いのに、健全育成に関して具体案は何もなかった。「公正で人間性豊かな社会づくり」「他人へのいたわり」「健全な青少年の育成」などと声高に叫んだが、もう何十年も聞き続けている同じ内容の抽象論で、具体的にどうするかがなく、社会的にはますます悪くなる傾向にある。

戦後の日本には、物事の善悪や価値観の基準、人物の良し悪しの見本がはっきりしていなかった。また、変えてはいけないこと、変えなければならないこと、変わらないであろうこと、変わるであろうことの区別ができず、なんとなく、変えなければならない、変わるであろうという雰囲気に浸っていた。そして、文化とか伝統というものの存在と価値を見失い、伝承することを忘れてもいた。特に教育界では抽象的な教育学論が多く、受験用の塾が氾濫し、原体験を通じて、人間性や社会性、そして個性を豊かにするような人づくりのための具体的な教育は無視されがちであった。

青少年教育は、具体的な見本や善悪や価値観の基準がなくては、十分な効果を期待できない。もともと、教育とは民族的、国家的なものであるが、戦後の日本はそれを否定して、知識や技術だけを教え、個人的な存在と主観的判断を重視する傾向が強かった。

学校教育そのものが抽象的で、受験用中心の産業化した教育が絶対唯一と見なされるようにもなった。そのため、教育が人づくりのためではなく、知識習得の場になってしまい、ますます産業化が強くなり、青少年の健全育成までが、美辞麗句の標語になっている。

2. 文明的社会の落し穴

文化とは、自然に順応して生きる知恵や方法のことであるが、文明とは、自然を都合のよいように変える手段や道具等のことであるので、文明が発展すれば、人間は無意識のうちに主観的になり、より都合のよい環境の中にいることになる。

テレビ、ビデオ、パソコン、ワープロ、ラジオ、ステレオ等、カタカナ文字の視聴覚機器が発展し、文明化が進むと、人間は孤立化して非社会的な生活観を身につけ、自然を都合のよいように変化させ、季節を無視しがちになる。

こうした生活が続けば、やがて非社会的、非人間的、非健康的であることに気づく人は、経過を知っている者であるが、結果しか知らない青少年は、良し悪しの判断がつかず、文明的社会の落し穴にころげ込み、単純で主観的な価値観を身につけがちである。

そのひとつが〝巣ごもり〟である。巣ごもりとは、自分の世界、または家の中にこもりがちな、非社会的行為のことである。これは、自閉症に類似した病的な感情と、主観的で安易な逃避行と快楽主義によるものである。

視聴覚機器の発展によって、映像と音による疑似体験、間接体験は、知識や情報を豊かにするが、自然と共に生きる知恵や人間性、社会性を豊かにすることはできないので、巣ごもりになりがちである。

今日の青少年の多くは、長電話を普通のように思っている。夜中に、一時間も二時間も電話することは、ストレス解消、娯楽、コミュニケーション等の必要条件と考えている。直接会って話すと疲れるし、めんどうくさい、それにゆっくりできないというのである。それは、向かい合う会話の経験が少なく、表情から相手の心を汲み取る心得を知らず、思いやりやいたわり合う満足感を身につけていないからである。これらの感情は、素養と呼ばれるもので、原体験を通じてのみ育まれる知恵なのである。

長電話をも巣ごもり現象とするならば、今日の青少年の八、九〇パーセントは、すでに高等な文明的社会の落し穴に入っていることになる。民主主義では絶対多数を〝善〟とするので、非社会的な〝巣ごもり〟も青少年教育にとっては正常なのかもしれないが、人類史の中では、決して正常ではない。

3．古代からの人づくり

人間は、古代からいつの時代も〝より良い社会人〟を育むために努力してきた。その基本は、社会人としての基本的能力の伝承と、肉体的機能の向上を図ることであった。社会人の義務として、子どもたちの成長に手を貸して人づくりを心がけてきた。すなわち、〝青少年の健全育成〟は、古代から社会の重要課題であり、政治の大目的であった。だから教育などという言葉で表現する必要はなかった。それよりも、日常生活で具体的に、変えてはいけない、変わらないであろう基本的能力を培い、育む努力を重ね、生活の知恵や文化、伝統を守り続けてきた。

ところが、戦後の日本は、社会のすべてが変わるであろうとの錯覚に、人づくりの基本までも迷いがちであった。そのため、机上の抽象的な教育学論を主張し、「健全育成」「親切運動」「緑化運動」「人づくり」等の抽象的な標語化した政策を叫ぶことに金と時間をかけるようになってしまった。

人づくりの原点は、青少年の健全育成であり、より良い社会人になるための生活訓練をすることである。それが、価値基準を失った戦後においては、教育、しかも、知識、情報、技能を中心とする学校教育が全てであるかのごとくに思われている。

二一世紀への人づくりは、青少年の健全育成と学校教育の両方が重要なのであって、室内で行われる抽象的な理論教育だけであってはならない。学校を中心とする理論教育はもちろん重要であるが、具体的な原体験教育も怠ってはならない。

古代からの人づくりは、自然体験や遊び、生活体験、祭りや年中行事等の野外文化活動を、異年齢の集団で行う共通または共同体験であった。日本にも健全育成の知恵や事例は古代からたくさんあった。しかし、それらは理論的に体系化されていなかった。明治以後、欧米からの体系化された理論を重視したため、日本の伝統的な健全育成のあり方はないがしろにされた。特に、戦後は、調査・研究する学者も少なく、また、一般的日本人が評価しなかったこともあったが、古代からの人づくりの知恵は、社会人としての基本的能力を育むための具体的な生活体験であった。

すなわち、人類に共通する生活態度を身につけさせる生活体験こそ、古代から変わることのない人づくりの原点なのだが、今日の子どもたちは、日常生活でその機会と場に恵まれることは少ない。とすれば、あえて教育または健全育成として、その機会と場を国策によって均等に与えてやることが必要なのである。

地域社会における社会人準備教育の機能が衰退している今日の日本では、教育も育成も学校に頼るしかあるまい。そこで、国家の政策として学校教育の中に、基本的能力を育成するための生活体験の授業を取り入れることが必要不可欠となる。

例えば、小学四年、五年、六年で一週間、中学一年、二年、三年で一〇日間など、日常生活から離れた、野外を中心とする生活体験が学校教育の正課として取り入れられることが、高等な文明的社会における〝人づくり〟に必要条件となってくる。

そして更に。高校二年生には、二週間の生活体験を持たせることが望ましい。さもないと、衣・食・住の保証は可能だが、精神的な心の保障は不可能なので、結果としての文明的社会に暮らすこれからの人々が、人間らしさを失って、かえって不幸な人生を暮らすことになる。

(6) 教育改革は教員養成から

教員養成大学及び社会教育関係者を養成する大学に、〝野外文化講座〟を開講し、知恵と知識のある教員や指導者を養成すべきである。

1. 民主教育と日本

戦後の日本は、二〇世紀におけるアメリカ的理想教育をしてきたのではあるまいか。

日本以外の諸国は、たいてい多民族・多文化国家で、歴史上幾度となく民族戦争を経験している。大陸の民族戦争では、各自が身を守る努力をせねばならない。だから、国民の一人一人が社会人としての価値基準を持ち、しっかりしている。そのため、幼少年時代から生きる基本的能力を身につけさせられるので個性が強く、主体的である。

日本人は、第二次世界大戦まで民族戦争というものを体験せず、自然発生的な民族国家の中で、単一文化的な社会を守り続けてきた。だから、個人よりも集団が優先され、共通した道徳観によって社会が営まれていた。社会生活に大事なことは、あまり自己を主張せず道徳心に反しないよう、賢く生きることであった。そして日本人の多くは、お上の指示に従うことを旨として生活してきた。

それが、昭和二〇年八月の敗戦後、突然にアメリカ式の個人主義が侵入してきたので、日本人は社会的価値基準を失ってしまった。そして、二二年四月からアメリカ人が理想とする民主教育が始まった。

日本以外の国では社会人一人一人が、民族性・宗教・風俗習慣や思想をかなりしっかり身につけている。アメリカ人たちは、近代的国家を営むのにそれらは少々不都合なことがあると考えたのか、日本の学校教育には主義思想や宗教の教育が禁止された。それは社会教育や家庭教育にまで影響し、ついに風俗習慣等伝統文化も伝承され難くなった。

日本はもともと、お上と道徳心が社会的価値基準のすべてであったので、個人の価値観がはっきりしないのは当然のことである。

学校ではアメリカ式民主教育が徹底的に実行され、個人主義の日本人が毎年たくさん卒業し、社会には価値基準をなくした日本人が年ごとに多くなった。そして、社会の一人一人がしっかりしているわけでもなく、社会の価値基準も定かでなく、世界に例のない日本式個人主義の人が多くなってきた。

2.知恵のない知識教育

日本は飛鳥・奈良時代から朝鮮半島や中国大陸の文化を見習って日本の自然環境に順応する日本文化に再編してきた。明治以後は欧米に見習って、再び日本式の文化・文明の再編に努力してきた。特に第二次世界大戦以後はアメリカ式日本文化や文明の組み立てに最善の努力を払ってきたとも言える。そのせいか、日本の学問の多くが、外国の諸々について書物で学ぶことであり、知識者とはより多くの書物を読んで外国事情に通じる人のことであった。特に、戦後は、日本の自然環境や歴史・社会環境に適応するための知恵をないがしろにした傾向が強くなった。

もともと、明治以後の日本の知識者には知恵者が少なかった。諺に「知恵者とは自然を知るものなり」とあるように、知恵者とは自分たちの環境や歴史について見識深い人のことである。だから、知恵者は知識者でもあるが、知識者が知恵者であるとはいい難い。いつの時代も知識者は重宝がられ、知恵者は尊敬されるのである。

昭和二〇年代までの日本の教育は、まだ社会との結びつきが強く、どちらかといえば社会優先の教育で、子どもたちの知識レベルはあまり高くなかったが、生活の知恵はかなり習得されていた。

民主教育は、小学一年生から知識偏重の教育で、社会との結びつきがなく、生活の知恵など少しも習得しない。まるで知識崇拝人間を育てるようで、社会性や人間性など社会人の基本的能力の養成をないがしろにしてきた。そのせいか、今日の日本では欧米の書物を読んだ知識者の言論が幅をきかせている。

学校教育制度が始まって、明治・大正・昭和と知識教育を受けてきた人たちは、かなり優秀であったが、彼らとて、小学や中学時代には家庭や地域社会で生活の知恵を身につけていたので基本的能力は十分培っていた。

ところが、民主教育は、知恵の習得の機会と場については、あまり関与しない方向に走った。それは、人類が古来から続けてきた、社会の後継者を育む教育に背を向けるもので、民族性や社会性をなくする教育だともいえる。

3．豊かさの中の落し穴

日本は経済的には世界一豊かな国になった。高度な文明的社会で人間の機能を最高に活用できるようにもなった。しかし。これは、民主教育を受けた日本人がつくり上げた社会ではない。戦前・戦中の知識教育のあまり徹底していない時代に、知恵も知識も同時に習得しながら、のんびり育った日本人たちのつくった社会である。

戦後の民主教育を受けた大半の日本人は、結果的な豊かさの文明的社会に生活している。だから、豊かさの実体を比較的に知ることができないので、すべてが当たり前なのである。貧しさを知る者の豊かさと貧しさを知らぬ者の豊かさは比較できないし、不便を知る者の便利さと、不便を知らぬ者の便利さは比較のしようがない。

日本人は古代から自分たちの文化を独力で培ってきていなかった。オリジナルを借用して工夫を加えて日本文化にした。だから。外から新しい物が入ってくると容易に取り入れる特性をもっている。

明治以後の日本人は、知恵としての貧しさや不便さを教えることより、新しい知識の教育に大変熱心であった。だから、自分たちの苦労や努力の結果を誇らしげに語っても、物事の経過や苦労を知らせる重要性を認めようとしないのではないだろうか。その感覚が豊かさの中の落し穴となり得る。

今日の日本の豊かさは、日本の有史以来の結果であって、急に豊かで平和な社会になったわけではない。今日の豊かな社会に生まれ育った青少年には、豊かさの程度が分からない。結果的世界には未来がないので、この豊かさを比較する知識と知恵の教育がなされないことには、青少年に活力や希望や喜びをもたせることはできない。

この豊かさに絶えず黄信号を点して、経過を体験的に知らせることが教育にとって大事なのである。そのためには、学校教育・社会教育・家庭教育でも、子どもたちに、社会人としての基本的能力である、生活の知恵を習得する機会と場を与えてやることである。そうするには、知恵のある教員を養成することが望まれる。

4．大学に野外文化講座を

日本は百年以上も欧米に教育制度や内容、そして教員養成を見習ってきたため、知識教育を大変重視してきた。特に教育者には、教育とは何かの知恵よりも高度な教育学的知識を求めた。

一五年程前までの学生なら、社会人としての基本的能力を、まだ家庭や地域社会で身につけることができたが、今日の学生は、大学を卒業するまでその機会と場のない者が多い。

学生たちは知識や情報は豊かなのだが、原体験による知恵が少ない。多くのことが間接情報であり、疑似体験であるから、社会的価値基準のない社会観を身につけている。

教員の資格は、単なる教育学的知識を習得するだけでなく、人間性や社会性を豊かにすると同時に、生きる基本的能力（野外文化）を習得していることである。

社会人としての基本的能力は、幼年時代から青少年時代の遊びやいろいろな体験活動、すなわち、野外文化の習得活動によって培われるものであるが、今日の知識偏重教育を受けた学生たちはその体験が少ない。

ここにいう〝野外〟とは、屋内とか屋外をもって表現する文明的な概念ではなく、人間が自然と共に生きる野生的な世界を意味するものであり、〝文化〟とは、社会人に必要な基本的な行動や生活様式のことである。

よって、〝野外文化〟とは、自然と共に生きるために心身を鍛錬する方法や手段とその行動の結果として生み出される心理状態（知識・態度・価値観）を意味する言葉であり、生きる基本的能力のことである。そして、その習得活動を〝野外文化活動〟と呼び、野外文化の子どもたちへの伝承を〝野外文化教育〟と呼ぶのである。

教育改革が叫ばれはじめて久しいが、いつも制度や内容ばかりで、最も重要な教員の養成について検討が十分でない。これからの青少年教育には、野外文化教育がますます重要になってくるのだが、小中学校に肝心の指導できる教員がいない。

自然と共に生きる知恵を体験的に学び、物事の経過と結果を確認するための野外文化活動を教育の場に活用するには、それにふさわしい教員養成が急務である。そのためには、教員養成大学及び社会教育関係者を養成する大学に〝野外文化講座〟を開講し、知恵と知識のある教員や指導者を養成すべきである。また。今後の小中学校の教員採用条件に、野外文化の習得活動を義務づけ、教育実習と同じ評価をすることが望まれる。

Ⅱ・子どもたちを救え

1　少年教育の革命

（1）文明に犯された子どもたち

1．つくられたひ弱さ

「助けてくれ！」

文明に犯された子どもたちの悲鳴が、日本のいたるところで発せられている。しかし、金権主義と利己主義に犯された大人たちの耳には入らず、見ぬふりをしている。

日本が経済的発展に邁進する昭和四〇年代初めから、大人たちは、子どもたちの素朴な遊びや感動の時を取り上げ、物質的豊かさと、経済的価値観による時の概念を一方的に押し付けた。

その反面、叱ることも、生活文化を伝えることもせず、学び方のテクニックばかりを気にして、ひたすら知的好奇心を煽り、自分たちと違った世界に住むように仕向けてきた。

私たちにとって、何が良くて、何が悪いか、何を恐れ、何を恐れるべきではないか。そして、何をし、何をしてはいけないかという、社会人の基本的能力（野外文化）を伝承しないで、子どもたちをひ弱な文明人に仕立て上げてしまった。

2. 文明の落とし子たちの反逆

昭和五〇年代初頭、一〇代の青年が肉親を金属バットで殴り殺した。その一〇年後には青年が、複数の少女を誘拐して、惨殺した。そして二〇年後、一四歳の少年が一〇歳の子どもを殺害し、斬首を自分の通う中学の校門にさらした。

今日では、少年少女たちが平気で人を殺したり、質の悪いいじめをしたりする。そして、売春、薬物乱用、窃盗、登校拒否、自殺等が多くなっている。科学万能主義に邁進してきた日本では、このような子どもの出現は何も不思議ではない。起こるべくして起こった諸々の社会現象なのだ。

私たちは、絶えず「教育は何をすべきか」を話題にはするが、この二〇年間、いや、昭和四二年秋の「もやしっ子」騒動以来、三〇年間も評論ばかりで何もしていなかったのではないか。

東南アジアの熱帯雨林や南米のアマゾン川の森林伐採による自然破壊には気をもむが、日本の身近にある豊かで美しい自然破壊には、気づかないふりをするのと同じことだ。

川に清い水が流れ、草木の生えた野や山があり、水を湛えた青い田圃やきれいな海浜があり、魚や鳥や獣物《けもの》たちがいることは、誰もが望むことである。

科学技術の進歩と、物質的豊かさと、経済的発展だけが私たちの社会生活の目的ではない。発展した科学技術と経済力によって、自然と共に生きる豊かさと平和をつくり出すのが、私たち日本人の役目なのだ。

3．必要になった野外文化教育

今、文部省（現、文部科学省）は、体育学系の先生方を中心として、青少年の心を育むために〝野外教育〟という言葉をにわかに使い始めた。これはアメリカの〝outdoor education〟または〝outdoor activity〟の翻訳語で、戦後間もなくから体育学用語として使われていたが、未だに何の定義も理論づけもない。もう翻訳語を使って標語的に形を整えればことが済む時代ではない。

野外文化教育とは、日本に古来からある屋外でのいろいろな青少年健全育成活動の総称として、昭和六〇年に私が創始した人間学としての現代用語で、体育学的な言葉ではない。野外文化教育は、自然とともに生きる人間のあり方、生き方等の理念を基本にした、生きがい教育である。まさしく、自然と共に生きる知恵、心構えを具体的に伝えることなのだ。

四〇年前の日本にはこのような教育理念は必要なかった。しかし、工業立国としての道を進み始め、伝統や文化、自然、信頼、恩愛の絆等を無視し始めた、昭和四〇年代初め頃から必要になってきた。

そのことに気づかない人々が、人類が数万年もかけて築き上げてきた文化遺産を簡単に捨て、技術的発展と物の豊かさを追い求めることによって、無力な子どもたちを知らず知らずのうちに犠牲にし、かけがえのない自然までも破壊してきた。

4．孤独な子どもたちを救え

子どもたちは、故郷、自然、生きがい、信頼、畏敬、忍耐等、人類の多くの文化遺産を伝えられないまま成長した。豊かな日本の文明的な犠牲者である子どもたちが、昭和四〇年代から助けを求めて叫び続けている。

子どもは、弱くて、非社会的で、非人道的な一面を持って生まれてくる。その子どもたちを野外文化教育によって、自然を愛しむ、より良い社会人に育てるのが大人や親の役目であり、社会的義務である。子どもたちを素朴に育てよう。子どもたちを明るく元気に育てよう。子どもたちを子どもらしく育てよう。

今からでも遅くはない。孤独で淋しく、不安に戦き、ピエロのように道化ている子どもたちを救おう。その文明に犯された子どもたちを、自然の力で救う手段が〝野外文化教育〟であり、文明に犯されないよう〝生き抜く力〟を育成する新しい教育理念が、〝野外文化論〟である。

(2) 不透明な時代を生き抜く力

1. 不透明な文明時代

人類が有史以来続けてきた青少年教育の目的は、社会の後継者を育成し、社会の安定と継続を図るためであった。その点からすると、日本における青少年、特に少年教育は、日本人の価値観や生き方、食文化、風習等の生活文化を教え、示すことが最も重要である。しかし、今日の日本は、平和で豊かな科学的文明社会に発展し、国際化や情報化の波によって社会環境は刻々と変化している。その上、諸外国の言語、宗教、風習、行事や出来事等が身近なこととして伝えられ、多くの国の人々が受け入れられている。そのため、社会の安定、継続、そして安心に必要な生活文化の共有性が薄れ、発展思考の強い利己主義的な不信社会になり、安全、安心が脅かされ、先が見えなくて不安感の多い、不透明な時代になっている。

2. 身勝手で犯罪の多い社会

テレビやテレビゲーム、PC、携帯電話、漫画等の世界に浸って直接体験の少ない今日の子どもたちは、対人関係の持ち方を知らず、会話がうまくできない上、身体の柔軟性を欠き、バランス感覚や距離感がうまくとれず、勘が鈍く直感的な行動が取り難い。それに規則を守ることを知らず、自分勝手に考えて行動したり、気に入らなかったり、聞き入れてもらえないとすぐに癇癪を起こしがちで、忍耐力に欠け、我慢することができない。

どちらかと言えば、社会的に何が正しくて何が悪いのかの判断や、区別がつけられないまま成長しているので、大変自分勝手・身勝手で利己的。だから、社会的善悪と個人的な好き嫌いの区別すらできず、社会的善としての道徳心を、個人の好き嫌いの感情で判断しようとさえするので、犯罪の多い社会になっている。

3. 文明化に対応する生活体験

私は、これまでの四〇年間以上も地球上の多くの国を踏査しながら、日本で青少年教育活動を続けてきたが、世界で最も画一的に発展した日本での少年教育には、合理的な教科書教育と、非合理的な体験的教育の両輪が必要なことを痛感させられてきた。特に今日の日本のように情報文明の洪水に溺れかけている青少年を救うには、人間教育の原点に立ち戻って、古より実践されてきた素朴な体験活動に勝る方法はないと思われる。

ここで言う〝体験活動〟は、野外レクリエーション的なキャンプ活動や、林間、臨海学校及び近代的なスポーツ、職場体験的なことではない。それは、今日の日本が画一的に突入している、豊かで平和な科学的文明社会に対応する〝生き抜く力〟を育成する少年教育に必要になってきた、社会人の基礎、基本を培う野外文化教育としての〝生活体験〟である。

これからの不透明な科学的文明社会に対応する少年教育としての〝生活体験〟は、より良い青少年であるためよりも、共通の生活文化を身につけてより良い社会人・より良い老後を迎えて、安全・安心の持てる社会的な心の保障を得てもらうためになすのである。

4. 生き抜く力〝生活文化〟の習得

私たちがそれほど意識しないでなす様々な生活習慣は、先祖代々に培われた生活文化なのである。ここでいう生活文化とは、その土地になじんだ衣食住の仕方・あり方・風習・価値観・言葉・考え方等の生活様式のこと。

生活文化は、それぞれの時代の人々にとって創り出されたり、改善されたりしながら伝承された歴史的社会の遺産であり、他と共有することのできるものである。

社会は、個と集団の対立するものではなく、いかなる個も集団的規定なくしては存在し得ないので、社会人である以上、社会的あり方としての生活文化を当然身につけていなければならない。

私たちは、ITを中心とする豊かな科学的文明社会がどのように発展しようとも、あえて肉体的機能の低下や生き抜く力を退化させることなく、安全・安心を保つための知恵として、社会的遺産である生活文化が必要不可欠。

より良い人間的状態には、健康な肉体と健全な精神が必要だが、肉体の安全についてはよく学ぶので、身体活動としてのスポーツやレクリエーション活動の重要性についてはよく知っているが、心のよりどころ、安心を保つに必要な生活文化については案外無頓着で、意識してこなかった。

しかし、これからの競争の激しい不透明な国際社会で、アイデンティティーを保ち、よりよく生きるためには、少年期に生活文化の習得が重要なのである。

(3) 民主主義と〝子どもの貧困〟

1. 子どもは弱者

一二、三歳までの子どもは、生活力がなく、自立する力がまだ不十分で、ひ弱で貧しいのは当たり前なのだが、この頃、子どもの貧困が取り沙汰され、社会問題になっている。それは、家族や社会のあり方に問題がある。

新聞報道によると、平成二七年の子どもの貧困率は一九・三パーセントで、その五〇パーセント以上がひとり親世帯であるそうだ。

一般的家庭には、父親と母親がいるのだが、今では離婚やシングルマザー、その他の理由で、ひとり親世帯が多くなり、その貧困率が平成二七年では五八パーセントで、子どもを守りきれなくなっている。守られる立場の子どもの貧困の主な原因は、ひとり親世帯が多くなったことによるのだが、民主主義の浸透と文明化と共に多くなっている。

2. アメリカ的民主主義

民主主義とは、自由、平等、権利を基本的人権とする、多数決原理や法治主義によるもので、個人の自由と権利が守られており、利己的な人が多くなる。

戦後日本のアメリカ的民主主義は、主体性、積極性、個性等を尊び、自己主張を重視してきた。イギリス王国の植民地であったアメリカは、二四〇年ほど前に独立戦争を始め、一七七六年に建国した、移民による多民族国家である。

独立を果たした革命国家アメリカの建国精神は、自由主義、民主主義、立憲主義等による、個人の自由、平等、権利の保障であった。移民によって多種多様な人が集う革新的な多民族国家アメリカは、利己的な不信社会で、格差が大きい。

しかし、国民としての個人の自由や権利がどんどん拡大すれば、民主主義は自然に行き詰まる。戦後のアメリカ的民主主義が七〇年も続いた日本は、利己的な人が多くなり、格差が生じて社会的内部衰退を起こし始めている。

3．離婚率の高い原因

平成二九年六月中旬のＮＨＫ深夜番組「夫婦が非常事態」によると、八五パーセントの妻が夫にストレスを感じてキレることが多く、平成二八年は二一万七〇〇〇組も離婚したそうだ。

今日の女性は、男性と同じように競争社会である会社などのような、外で働くことによって、テストストロンと呼ばれる男性ホルモンが多くなり、オキシトシンと呼ばれる愛情ホルモンが少なく、男女が逆転しがちになって、男性の満足感が弱くなっている。

古代から女性も男性と同じように、例えば農業従事者のように外で働いてはいたが、自然を相手とするので、今日のように競争心や栄誉心が煽られることは少なく、テストストロンが多くなることはなかった。

　戦後の民主教育を受けた、男女平等で利己的になった日本人は、思いやりや忖度する心が弱くなって、自己主張が強くなっている。ましてや母子愛のようなオキシトシンの分泌が弱くなり、女性が男性化した夫婦は、お互いにストレスを感じ、不満が高じて、アメリカやフランス以上に離婚率が高くなっている。

4．ひとり親では不十分

　民族とは、言葉、風習、道徳心、生活力等の生活文化を共有する人たちの集団である。その民族社会が安定・継続するには、男と女の結合、結婚が必要である。男女の結婚は、社会が安定・継続するには大変重要な儀式であり、個々の性愛、快楽だけではなく、作為的な繁殖戦略であり、社会の基盤である。また、家族を形成し、信頼心を培い、絆を深め、道徳心を篤くしてより安全に、安心に生活するためでもある。

　今日の日本では、女性が家庭を維持・管理する労働力は認められず、どんな職場でも三〇パーセント以上は女性が占めなければいけないなどと叫ばれている。

　女性を労働戦士にするために、満一歳から入園できる、認可保育所を増やそうとしているが、三歳未満の子どもが保育所で育つと、どのような社会的人間になるのかなどについては、あまり考慮されていない。今日の日本は、すでに社会意識が弱く未婚化、中性化、少子化の傾向が強く、しかも離婚率が世界一になっている。

民主主義は、社会の安全よりも個人の自由や人権を重視するので、利己的・快楽的で勝手に生きる人が多く、離婚率が高くなる。

ひとり親世帯が多くなれば、精神的、物質的、社会的にはどうしても満たされない子が多くなり、自然と子どもの貧困率も高くなる。しかし、この社会現象は、子どもの貧困というよりも親の貧困なのである。

(4) 自然災害は人間を鍛える

1. 自然災害は万民共通

二〇一一(平成二三年)現在、地球上に約七〇億人が、一九三の地域や国に分かれて暮らしている。これらの国や地域によって自然災害のあり方は異なるが、地震・雷・火事・津波・火山・台風・竜巻・洪水・乾燥・高温・寒気・生物の異常発生・異常気象等、非日常的な畏怖的自然現象は、人間の心身の安全にとっては害である。

しかし、このような自然災害は、大小にかかわらず万民が共通して体験することで、人類の敵ではなく、生き方や考え方等をいろいろ工夫させてくれ、苦難を乗り越えてより良い社会を築く知恵を与えてくれる、なくてはならない神、または仲間のようなことだ。

もしも、自然災害がなかったなら、人類は驕り高ぶって自滅し、ここまで生き長らえて、社会的発展を遂げることはできなかった。

いずれにしても、人間はこのような特徴的自然現象に対応して、より安全に、しかも安定・継続するための努力、工夫を重ねて乗り越える知恵である生活文化を培ってきた。その特徴的な生活文化を共有する人々の集団が民族であり、政治的統合体が国である。

2．畏敬の念を忘れる人類

不可思議な自然現象は、神秘的で畏敬の念に駆られ、苦境にあっても天（自然）を恨まず、諦めと許しの覚悟が芽生える。日本では、昔から恐い物は地震・雷・火事・親爺と言われてきたが、〝喉元過ぎれば熱さを忘れる〟がごとく、人間は恐ろしいことや苦しい経験でも、過ぎ去るとすっかり忘れてしまうのが普通である。

しかし、人間に恐い物がなくなると自己中心的になる。その上、安全で、平和で、豊かな自由主義社会になると、非社会的で利己的になりがちだ。

今日の科学的文明社会では、世界的に利己主義や唯物主義が蔓延し、自分勝手で驕り高ぶる人が多くなっている。

時々発生する自然災害は、そうした人間に、ひ弱で無力なことを知らしめ、自己を見つめ直す機会と場を与えてくれる。そして、一人ではどうにもならず、謙虚な気持ちでお互いに助け合い、協力し合って困難から脱出しようと努力・工夫させられる。

自然災害は、驕り高ぶる人間を戒め、諭し、畏敬の念を起こさせ、他者と協力し合い、愛し合い、絆を大切にする信頼的共同体を創るきっかけとなってきた。

3．災害に負けた民族は衰亡する

国の成り立ちは、自然・人・社会的遺産の三要素によるが、どのような時にも、自然との共生を忘れては国が成り立たない。

災害には、人が起こす戦争や事故等の人災と、自然の異常現象である天災がある。人災には恨みつらみや怒りがついて回り、責任問題が尾を引き、天災には恨みつらみがなく、許しと諦めがある。

人災も天災も、起こってしまったら同じ災害である。いずれにしても社会の動揺が長引いたり、感傷的になりすぎたりして災害に負けてしまえば、民族や国は衰亡する。

大きな災害に見舞われた今日の日本で起こっているもうひとつの珍しい災害は、社会意識や覇気が弱い男女の未婚率の上昇が止まらず、人口減少が続いていることである。

しかし、人災による社会意識の弱い利己的な男女は、お節介おばさんでもいない限り相手を決められないし、結婚して子づくりの義務感もないだろう。

いつの時代にも、災害は想定外の事態なので、統治者は迅速に対応する新たな規則づくりが必要だ。人類はこれまでの長い歴史上、災害に負けた多くの民族が、古里を捨て去ったり追われたり、路頭に迷ったりして衰亡してきた。

4．自然の用意した人間教育

自然は人間にとって衣食住のすべてであり、神であり、仲間なのだ。その自然の戒めである災害のおかげで、私たち人間は賢くなり、平和で豊かな社会を発展させる知恵と力を培ってきた。

だから、災害の多い国の人々は、逞しくておおらかで、絶えず前を向いて歩み、気候変動による自然の脅威にも、仲間に敬意を払って乗り越えてきた。

そのことを忘れて、人災による弱者の立場で単純に助けを乞うようになっては立ち上がれない。頑張れと言われなくても、各自が頑張らないと全体が衰亡する。天災と人災に見舞われた日本は、まずは何よりも社会意識を向上させる教育から復興を図ることだ。

季節によってあらゆる物を恵んでくれる自然と共に生きてきた我々日本人が、この度の災害を自然の用意した学びの機会と場にして、不便や不足、不安等に負けることなく、更によい、安全で豊かな愛や絆の強い共同体を創ることができれば、人類にとっては、新しい生き方、あり方への大転換になる。

私たち人間は、災害に負けないため、普段から心がけていることが大事だ。それは、社会の後継者である少年としての子どもたちに、日常生活で最を必要な生活文化をしっかり伝えることだ。

(5) コロナウィルスと共に生きる

1. 生き物は常時戦場

生き物には、植物のような独立栄養体と、有機物を体外から取り入れて生きる動物のような間接栄養体がある。

いずれにしても、生命ある物が生きるには、絶えず自然的(気温・乾燥・嵐等)、社会的(戦争・窃盗・詐欺)、生物的(各種ウィルス・各種動物・体内外の障害等)災害との戦いに勝ち抜かなければ、生き続けることはできない。

私たち人間は、意識する、しないは別にして、生まれてから死ぬまでの間、あらゆる物への抵抗、戦いを続けているので、生きている以上、常時戦場に立たされている。

今日地球上に生きている人間は、古代からあらゆる災害に対して抵抗力があり、戦い抜いて生き残った、生命力、抵抗力の強い人類の子孫なのである。

生き物である人間は、今も、各種災害を恐れるのではなく、災害に抵抗する力をつけて、勝ち抜く知恵としての文化を培い、広めていくことが必要だ。

2．ウィルスは生き物

ウィルスとは、普通の顕微鏡では見えないほどの微生物で、インフルエンザや天然痘、結核等の病原体でもあり、ある一種の細菌である。細菌は、植物に属する単細胞微生物で、他の物に寄生して発酵や腐敗作用を起こし、病原となるものもある。ギリシャ語では、バクテリアとも呼ばれている。

ウィルスは、細菌であり、バクテリアであるが、いずれにしても微生物で生き物である。

令和元年一二月に中国の武漢で発生した、新型コロナウィルスは、何かの動物に寄生していたのか、人工的に変化させられたのか、それとも自然現象的に変化して悪性化し、伝染力を強めたのか分からないが、人間にも寄生するようになった。

ウィルスは生き物なので、人間に寄生するようになった以上、インフルエンザや結核菌と同じように、簡単には死滅しないで、徐々に人間と共に生きるように変化するだろうし、人間もコロナウィルスに対して抗体が生じ、抵抗力をつけて生き続けられるようになるだろう。さもなければ、人間はウィルスと共に死滅することになる。

3．オンライン化する社会

人類は、あらゆる災害に対応して生き残り、なるべく長く生き続けられるように、いろいろな工夫、努力をなし、今日の豊かな科学的文明社会をつくり上げてきた。

今回のコロナウィルスの感染拡大によって、一層科学的技術を発展させ、ＩＴやＡＩ等によって、オンライン化やテレワークがますます進化することになる。

オンライン化やテレワーク化は、合理的で効率良く目的を達せられるので、経済的活動を中心に考えると、発展的なあり方であり、明るい未来像のように思える。

しかし、社会生活の点からすると、人間を孤立化させる危険性があり、オンライン学習やテレワークは、人間疎外になりがちになる。SNSなどは個人的には便利なのだが、社会的には不都合が生じ、利己的社会になりがちになる。今だけ、金だけ、自分だけの利己的社会は、心理的には不安定で、日常生活において、社会的対応が困難になる。

4．社会化を促す教育

人類は、安全・安心が守られるなら、利己的に生きるのが理想的である。そのため、理屈をこねる知識者は個人主義を主張、絶賛するが、現実的に社会生活を営む人間は、個人的には守り切れないことが多いし、不安がつきまとう。日常生活の安全・安心は、心理的なことなので、金や物だけでは保障されない。

人間の安全・安心に最も必要なことは、他との生活文化の共有である。言葉、風習、道徳心、生活力等の生活文化を共有することが、より良く生き抜く力であり、方法なのである。

オンライン学習は科学的であるが、人間的ではない。教育は効率良く知識を伝えるだけではなく、社会的人間としての生き方も伝えることが必要である。

人間には食欲、性欲、集団欲等のような本能的な欲望があるが、食欲は食べることによって、性欲は異性と交わることによって、集団欲は群がることによって満たされる。

人間は、集団欲が満たされないと、言葉の理解力は身につくが、言葉を話す表現力が悪く、攻撃的な性格になりがちで、行動も無統制になりがちだといわれている。

社会化の原点は家族の絆。家族は、祖父母、両親、子どもと縦のつながりで成り立っており、閉じた世界ではない。家族が生活を共にする家庭は、子どもにとっては社会化を促す身近な人間教育の場である。

これからのオンライン化やテレワークの進む社会での教育は、人間各自が持っている固有の権利である人権よりも先に、考え方や行動に反映する社会化に必要な人格を培うことが重要である。

（6）同世代の親たちへ

表層文化と自由という名の自己主義に溺れかけた日本人の社会集団は、義務とか責任を敬遠しがちだが、それでは社会の後継者を培うことは難しく、活力が衰退しがちになる。

1．親は子の成り上がり

昭和五八年四月八日の東京は、桜が満開に咲いていた。やわらかな日差しに咲きほこる花を見あげていると、さわやかな春風が心の中に吹きこんで、胸が風船のように膨らんだ。

昭和二二年四月初めにも、桜の花は同じように咲いていた。終戦間もない、民主教育初年度に入学した私は、すでに四二歳の父親である。長いようで、大変短い年月であったように思われる。

今年もまた小学一年生が入学した。三六年前の私たちと同じ日本の子どもたちであり、皆はりきっている。しかし、やがて、それぞれが社会の諸現象に感化され、異なった道を進んでいく。

今も昔も、いつの時代にも青少年の非行化は絶えることがない。必ず不良と呼称されるグループがいる。いる方が反面教師になって都合のよい場合がある。もし、全員が善良なる少年少女であったならば……。

私たちは、かつて人類が経験したことのない高等な文明社会の中にいる。異常に発展したマスコミュニケーションは、世の中の諸現象を拡大し、顕微鏡的情報を洪水のように流している。特に電波は、子どもたちを暴力的に刺激し、大人への疑似化現象を早急に誘発している。

三〇年前の私も、絶えず周囲の大人を模倣した。今の子どもたちとて少しも変わってはいない。違っている点は、電波を通じての間接的な模倣がなかったことである。今の子どもたちは、広範囲の間接的な情報による疑似化で、無生物化した感覚的な現象に溺れがちになっている。

子どもは、いつの時代にも模倣によって大人になる。三〇数年後には、この子どもたちが必ず今の私たちと同じ年齢の親になる。

2. 親たちが忘れていること

今日の青少年は、マスコミュニケーションを通して、物事を間接的に認識し、学校教育の充実によって広範囲の知識を習得している。しかし、理論的に学んだ知識はやがて忘れられ、実社会ではあまり役立たない。

子を育てる親は社会を具体的に生き、子は理想と希望の抽象的な自由の世界に生きるものであることは、文明がいかに進歩しても変化しない。残念なことに、親はそのことを具体的に知っているが、子は概念的にも知りはしない。親が、もしも自分の青少年時代を忘れてしまっては、親子の理解はありえないだろう。子がいかように知識を深めても、四〇歳くらいにならないと、親を理解し難い。

豊かな知識を身につけている今日の青少年が、具体的な実体験の裏付けを持っていると思うのは錯覚である。

「あなたを死ぬほど愛しています」

十数歳の子どもがいったとしても、言葉の本当の意味を体験的に知っているわけではない。大人の生活の知恵は、長い年月の実体験によって習得されるものである。子どもの表層的な知識よりも、親の人生経験による直感の方が、判断にあやまりのないことが多い。

青少年にとっての学習は、社会人としてよりよく生きるために必要な手段であるが、人生の目的ではない。しかし、子どもたちはそれに気づかないで、あたかも目的であるかのごとく知識を吸収する。いつの時代にも、親はその子どもの知識欲と量に悩まされるが、子どもよりはるかに長く生きてきた実体験に権威と自信を持つことを忘れてはならない。

3. 親が子へ伝えること

日本人は、生まれながらにして日本語を話し、おじぎをし、はしを上手に使うことができるわけではない。それは、日本人として育つ社会環境の中で教えられ、学習することによって覚えたものである。社会生活の中で培われた文化には、表層と基層をなす二種類がある。表層文化は、生活に潤いを与えるものであり、基層文化はなくてはならない基本的なもので、衣・食・住や風俗習慣、言葉等である。表層文化は、音楽、美術、演劇、文学等で、他民族にも共通性のあるものだが、基層文化は、自然環境によって育まれた地域性が強く、共通性の少ないものである。しかし、社会集団では、基層文化を共有しない限り、その一員になることは困難である。

有史以来、親や地域社会が子どもたちに教えたことは、基層文化であった。祭りや年中行事、農林水産業の共同作業等、異年齢集団のありとあらゆる機会と場を通して、子どもたちはそれを見覚えてきた。

それが教育の基本であったが、学校という知識教育の専門機関が設立されて以来、多くの親や大人たちはなおざりがちになった。特に、今日のように知識教育が充実してくると、教育の目的が受験用と錯覚されやすい。また、マスコミュニケーションによる表層文化の大宣伝と拡大解釈によって、基層文化の重要性を忘れがちになる。

今日の青少年は表層文化的な能力に秀れているが、日本の風習を理解する能力は劣っている。ということは、日本語に付随した生活文化の伝承がうまくなされていなかったからだ。

私たちが学んだ、戦後の民主教育は、基層文化を伝える機会と場が欠落していた。親となった私たちの世代に、社会の基本的な部分の認識が弱いのは、社会人としての自覚と、親としての自信を培う深層心理にそれが大きな影響を与えている。

親が子へ伝えなければならないもの……、それは大地に足をつけて自信を持って生きる知恵である基層文化である。私たち同世代の親には、今すぐにでも、その一部である生活文化の伝承や体力、忍耐力、活力を培う機会と場を、青少年に与えるよう努力することが望まれる。

4．四〇歳から社会の責任者

社会集団の中で、責任能力のない子どもは、親または責任能力のあるものに保護されている。ちなみに日本では、責任年齢を一四歳としている。そして、社会の後継者となるに必要な基層文化を身につけるための大切な学習期間を終了し、膨大な数の行動様式を習得したと思われる成人年齢がある。今日の日本の法律では二〇歳であるが、実際的に心身ともに成人するのは二五歳だと思われる。

二五歳以上は独立し、自分の家族を育む。しかし、物質的、精神的に余裕のないのが普通であるが、やがて子が成長してゆくにしたがって社会集団の状況が気になり始める。そして、社会の後継者に気をくばり、保護者としての自覚が芽生えるようになる。

人間は、社会集団の中で、四〇歳前後を境に、社会の単なる構成員から後継者育成の意識が芽生え始める。その自覚は、基層文化の必要性を感じた時に始まるものと思われる。

どんなに文明が発展しても、四〇歳以上の者が、社会の責任者であり、保護者である。そして、後継者を培う義務を忘れては、社会集団は成立しない。

表層文化と自由という名の自己主義に溺れかけた日本人の社会集団は、義務とか責任を敬遠しがちだが、それでは社会の後継者を培うことは難しく、活力が衰退しがちになる。

津波のように押し寄せる感性的な表層文化の社会現象に溺れたとしても、社会を営むに欠くことのできない基層文化が、なんであるかを伝える義務があることを、親たちが忘れないことだ。

私たち同世代の親は、これからまだ三〇年も四〇年も、この日本の大地に生きてゆかなければならないのだから……。

(7) 子どもたちに今何が必要か

いつの時代にも子どもたちの特徴を知り、社会的、文化的にどのようなことが欠けており、どのような人間性や社会性が望ましいかを考え、そのことを子ども自らに気づかせる生活労働の体験が必要なのである。

1. 巣ごもりは非社会的現象

豊かで高等な文明社会で、しかも教育の充実した日本に、子どものいじめや暴力が多発し、室内にこもる巣ごもり現象があるという世論がかまびすしい。しかし、子どもの世界に口論や取っ組み合いはつきものである。といっても、困ったことは、今日のいじめや暴力には自殺があり、巨額の賠償が要求され、人間的悪のレッテルが貼られる社会問題となることである。

古代から幼少年時代のいじめや暴力は日常的なことであり、社会問題になるようなことはごくまれであった。それは。異年齢集団によるガキ大将のような、監視する立場の人が身近にいたり見覚えたり、体験的に程度を知っていたり、相談相手がいたので、現代っ子ほどのねちっこさや、いやらしさは少なかったからでもある。いじめることも、いじめられることも、社会人になるための通過儀礼的なことで、たいてい両方を体験しながら成長するものだった。しかし、高等な文明社会の特徴ともいえる、巣ごもりのような非社会的な現象はあまりなかったことである。

今日のいじめや暴力には程度をわきまえない危険はあるが、この巣ごもり現象ほど社会問題にするようなことではない。子どもの多くが、テレビ、マイコン、ファミコン、漫画等を相手に部屋の中にこもっているといわれている。そして、家族との会話が少なく、地域社会の子どもの遊びもなく、仲間のいない孤独な時間を長くもつという。このような幼少年時代を過した人間は、いかに知識が豊かであっても、社会人としての共通性や思いやりの心を育むことが大変困難で、自然とのかかわりも少なく、長い人生を楽しく健康的には暮らせない。

2. 戦後教育の白と黒

私は昭和二二年四月、戦後民主教育の初年度に小学校へ入学した。それ以来すでに三八年が経過した。私と同年輩の多くの日本人が、今の小中高校生の父や母となっている。私たちは、戦後の日本と共に成長し、民主教育の充実と共に人間性を培ってきた。そしてその成果が、今は私たちの子どもを通じて問われている。いわゆる、戦後の理想教育の落とし子たちが産んだ卵からどんな鳥が育つのか、その過程の諸現象が今日の青少年問題なのである。

幼少年時代の教育の成果は、早くて一五年、遅いと三〇年後でないと知ることはできない。そのため、いつの世にも人をつくる国の教育政策は、長期的な展望をもとに慎重を期することが望まれる。しかし、戦後の教育政策は。日本に主権のない社会状態で短期間につくられ、今もそのまま続けられている。その良さ悪さを、今日の子どもたちがいろいろな形で社会に問いかけている。

今日までの教育の主たる目的は、知識と技術の習得であり、社会性とか人間性はなおざりがちであったような気がする。いわゆる。生きるための糧を得る手段や方法を学び、道のない荒野を自由に進むことだった。

このような教育を受けて育った親たちが、今自分の子どもに社会性や人間性について教えようとしているのだが、豊かな経験や知恵もなく、子どもの自己中心的な主張と豊かな知識にふりまわされている。人の子の親になって気づく人はまだしもよいが、子どもがそのまま親になったような母親や父親が多く、社会人にとって重要な礼儀や挨拶、言葉や風習等、日常の生活態度すら教えられないことがある。そして、そのことをすべて他人のせいにし、まるで評論家のごとき親がいる。その親たちの子が、巣ごもりをしたり、悪質ないじめや暴力をふるったりしているのではないだろうか……。

いかなる民族のいかなる社会でも、教育の基本は社会人として共通性のある後継者を育むことである。それゆえ、幼少年期の教育は、地域社会にかかわりの深い社会生活の基本的な諸事について教えることが望まれる。

幼少年期に地域社会との結びつきを持たなかった社会人は、心のふるさとを知らない精神的放浪者にならざるを得ない。日本人の多くが、精神的放浪者になりかけているような社会的現象が、今日の社会的特徴のひとつであるともいえるが、それも戦後民主教育のなせることである。

3．まずは生活労働の体験から

現代っ子の特徴は、自己中心的で受身な上に、物事に飽きっぽく、結果主義であり、創造性や工夫に欠け、実践力が乏しいといわれている。

子どもたちはしつけや生活習慣を身につけてはいないが、親の知らない知識や技術が豊かで、なかなかの理論家である。だから、非科学的なことや非論理的なことには納得しないので、人間性や社会性を言葉や文字で説明してもあまり効果的ではない。

人間の活力や実践力は、多くの行動実例をもつことによって培われる。そして、行動する能力は、想像力や体験的判断力による経過認識、その他欲望等の集大成されたものなので、決して机上論的知識のみによって培われるものではない。

現代っ子に欠けている「生きる力」を培い、活力や創造力を育む最も良い方法は、生活のための労働である。いかに現代っ子でも、生きるための生活労働は具体的で納得しやすい事実なので、飲むため、食べるため、住むため、寝るため、着るため、排便するため等、生きるに必要な労働を、個人的または共同で体験させることが効果的な指導である。

私は、このことを実践するために、昭和六〇年の夏、豊後水道に浮かぶ無人島で、七〇人の子どもたちと共に九日間生活した。小学五年生から高校三年までの異年齢集団の子どもたちは、はじめ大自然にも、共同生活にもなじめなかった。しかし、五日目頃から、人間本来の順応性や生活力に目覚め、自然の中で生きる共同作業になれ、異年齢集団の社会を上手に営むようになった。すると、挨拶や情報交換が活発になり、会話や笑いのある共同作業が自然に行われるようになった。また、年長者が年少者をかばい、年少者は年長者に従い、それぞれ得意とすることを率先してやるようにもなって、子どもたちの表情が蘇った野性児のように明るくなった。

このような生活労働は、家庭でも、地域社会や学校でも簡単にできることであり、子どもにとっては最も身近に社会性を認識する機会である。そのことを、親や教師、青少年の指導者が忘れがちになっているのではないだろうか。

4．プログラムよりねらいを

今日の青少年教育者には評論家が多く、学校教育や社会教育でも、ねらいをはっきりせず、手段や方法としてのプログラムづくりに奔走する傾向が目立っている。

社会の後継者たる青少年を健全育成するのは、プログラムが重要なのではなく、社会人として心身が逞しく育って欲しいというねらいが大事で、そのために何をすればよいかを考えるべきである。

例えば、自然との具体的な対面、植物名の必要性の認識、植物と生活文化のかかわり、植物の特徴、美的情操の陶冶、自然との会話等、人間と植物とのかかわりを知ってもらうために、私は「グリーンアドベンチャー」という植物観察の方法を考案した。

子どもたちの健全育成のねらいは日本全国、いや人類すべてに共通しているのだが、その方法であるプログラムは、自然環境や社会環境によって違ってくるので、北海道と関東と九州・沖縄ではおのずと違うし、諸外国ではなおのこと違ってしかるべきである。だから、青少年教育のねらいも認識せずに、他国や他地域のプログラムを真似て指導するようでは、単なる活動や娯楽でしかなく、効果的に活動しているとはいえない。まずは今日の子どもたちの特徴を知り、社会的、文化的にどのようなことが欠けており、どのような人間性や社会性が望ましいかを考え、そのことを子ども自らに気づかせる生活労働の体験を持たせることが必要なのである。

(8) 青少年教育と政治観

新しい日本の政治は、繁栄のための経済活動を中心とするものではなく、社会の安定と継続をも重要視すべきである。さもなければ、社会の内部衰退による墓穴を掘ることになる。

1. 見本のない青少年教育

日本史上、今日ほど青少年教育が困難な時代はないのではあるまいか………。

青少年教育は、私的側面と公的側面の二面性がある。私的側面の教育は、知識や技能、情報、体力等を、主に学校が中心に行っている。公的側面の教育は、風習や言葉、衛生、心身の鍛錬や素養等を、家庭や地域社会によって体得させてきた。

明治以後につくられた日本の学校は全人教育を目的としたので、私的側面のみならず公的側面の教育をも導入していた。その成果が今日の発展した日本の礎となっている。ところが、戦後の民主教育は、公的側面の教育が薄れ、家庭や社会教育の機能をも衰退させてしまった。それればかりか、自然と共に生きる教育まで薄れている。

文部省検定済教科書の小学一年生の「こくご」には季節感があまりない。

私たちは「さいた、さいた、さくらがさいた」であったが、今は「はしれ、はしれ、たかいたかい、みえるみえる」で始まり、「あつまれ、あつまれ、さかなたち」「さよなら、さよなら、またあした」と続き、いずれも汽車の絵がある。

検定にかかわった人によると、その理由を次のように説明してくれた。

「南北に長い日本列島の季節は各地によって多少違っている。だから、桜が咲くのは四月の入学時だけではなく三月や五月にも咲くので、大変なお叱りを受ける。各地の主張を聞き入れると季節感のない内容になってしまう」

私的側面の教育を大事にし、地域性を尊重する今日では、日本の平均的な季節感を教育してはいけないのだそうだ。だから、日本人が歳時記による季節感を共有しなくなっている。そのため、入学が九月でもよいということになるのだろう。

社会の価値観が多様化し、人間性や社会性、そして季節感にまで見本がなくなると、平均的日本人としての青少年教育は大変困難になる。

2. 外交と教育

昭和六三年、奥野誠亮国土庁長官が、日中関係に関する発言によって、五月一三日に辞任させられた。日本人の多くは、「またか!?」と思われたに違いない。それは発言批判ではなく、政府の外交の本質回避の姿勢による不手際と、内政までも外国に振り回されていることの驚きからである。

奥野長官は、四月二二日の記者会見で、「中国に配慮するのもやむを得ないが、鄧小平さんの言動に日本国民全体が振り回されるのは情けない」と、内政問題として発言しただけである。それがいつの間にか外交問題にまでエスカレートしてしまった。

地球上に、内戦や他国との戦争のなかった国家はない。侵略する、されるにかかわらず、戦争が愚かな行為で、残酷を極めることは誰もが知っているので、万民が戦争に反対する。しかし、歴史上の戦争は多くの物を破壊したと同時に、多くの物を造った二面性を持っている。また、立場が異なると善悪の評価や表現も異なる。

日本は、今世紀中葉まで、他民族の侵入を許した記録を持っていない。そのせいか、日本人は理想論や個人的感情、戦争アレルギー現象等による、道義上の姿勢と外交姿勢を混同しがちで、まるで内政感覚で外交をしようとしている。

いつの時代も、外交には国益がつきまとう。だから相手の非を強く攻め、自分たちの正当性を、時間をかけて分かりやすく説明していく心構えがなくてはならない。外交は決して感情によってなされるものではなく、中国の鄧小平さんが好んでやるといわれるトランプのような、冷静なテクニックで行うものである。

ところが日本では、外交にも党利党略が前面に出てくるし、報道機関は独自の判断を表に出し、知識者は道義的になって、諸問題が国益とはかかわりないかのように報道される。その立場や価値基準のはっきりしない、自己否定的な報道を日本の青少年はいつも目にし、耳にしている。

青少年教育の大半は、日常の社会現象によってなされる。特にマスコミュニケーションの影響力は大きい。だから、外交問題によって、日本の「負の遺産」を主張しすぎると、道義的には理解できても、社会の後継者たちには、国民としての自覚と誇りを失わせることになる。

奥野発言を外交問題にしてしまった政府の責任はもとより、野党や報道関係者も、中国に外交の切札をまたも与えたばかりでなく、日本の青少年によい影響を与えなかったことも、少しは考えるべきである。

3．政治の基本三要素

日本には権力的な「政治」を嫌う人が多い。それは、多民族、多文化社会でなく、単一民族的な定住した農耕民文化を基盤とした、統合された信頼社会の権威を、重んずるせいなのかもしれない。しかし、社会のすべてを決定する政治は大変重要である。

ところで、「政治」とはいかなる意味なのか、「政治」について国語辞典を調べてみると次のように説明してある。

「『政治』とは、住みやすい社会をつくるために、当局者が立法、司法、行政の諸機関を通じて、国民の生活を指導したり、取り締まったりすることなのである。」「政治とは大和ことばのまつりごとのことである。まつりごとは、権力の行使、権力の獲得維持にかかわる現象であり、主権者が領土、人民を統治することである。」

そして政治家とは、自分の政見を直接、政策の上に反映させることのできる立場にある人なのである。このような政治の三要素は、住みよい社会の安定と継続と繁栄なのである。

社会の安定は、家庭、娯楽、国際交流、文化、環境、教育等の諸問題を解決し、良識ある社会人を多くすることによって維持されるものとされている。そして社会の継続は、青少年教育そのものであり、健全な後継者を育むことによってなされることである。三つ目の繁栄は、産業、情報、技能、開発等による経済活動によって物資や流通を確保し、安定した生活ができるようにすることなのである。政治家は、この三要素を発展、充実させるための政策を立案し、実行するために政治活動をする。なんと言っても、社会の安定と継続は青少年の健全育成による所が大きいので、政治の三分の二は青少年教育にあるといっても過言ではない。

4．青少年教育の重要性

政治に大事なことは人づくりと経済活動である。金がなければできないことはあるが、金がなくても人さえいればできることも多い。やはり金権政治をいつまでも続けるのではなく、人づくりを優先する政治も大変重要である。そして国民は、社会の中心が政治であることを知ることが必要である。

戦後の日本は、貧しかったせいか、人づくりよりも金を得ること、心よりも物を重んじる傾向が強かった。昭和四〇年代からやっと物が豊かになったが、未だに金と物の時代が続き、大きな社会問題となっている。これは政治が貧困なるが故だともいえる。

今日の青少年は、人間性や社会性に乏しく、活力や想像力が不足しがちだといわれているが、その大きな要因は、社会の急激な変化や視聴覚機器、電子頭脳等の発達によって間接情報と疑似体験が多くなり、幼少年時代に野外文化活動をする機会と場か少なくなって、原体験を持つことができなくなったことによる。これもまさしく、主体性を欠いたこれまでの政治の貧困によるものである。

これからの青少年教育は、より健康で活力や想像力があり、人間性や社会性の豊かな社会人を育むための教育活動が望まれる。そのためには、より多くの少年期の子どもたちに、野外文化活動をする機会と場を与える教育政策が必要である。

これからの新しい日本の政治は、繁栄のための経済活動を中心とするものではなく、社会の安定と継続を重要視することが重要。さもなければ、社会の内部衰退による墓穴を掘ることになる。

二一世紀の社会を考えるに、人づくりが重要な課題になるので、これまでのように物や金に負う台所直結型の政治家だけでなく、青少年教育の政見のある人が、より多く国政の場に参加することが必要だ。

2　少年教育は予防対応

(1) 青少年教育の起こり

1．強い女性と弱い男性の社会

動物の多くは母系社会で、私たち人類も、放置すれば自然に母系的社会になる。

本性的女性の特徴は、男性よりも生命力や順応性が高く、非活動的で物事に対する反応のスイッチがオンとオフに切り替わり難く、行動が単一的、継続的で安定指向である。本性的男性は、活動的でスイッチがオンとオフに切り替わり易く、行動が多面的で冒険指向である。しかも、男性の活動力は、女性の存在によって保たれており、男女が三対一の割合であれば、男性の活力は維持され易いとされている。

本来、男性は女性の周囲に居て、女性の要求に従って行動する性癖のある動物である。だから、生物的には女性の方がはるかに強い。

幼少年期を母と共に暮らす子どもたちは、母親からあらゆることを学び、刷り込み現象的に文化が伝承される。

腕力的には強く、活動的で外に出がちな男性が、文字や言葉で教えようといかに努力、工夫しても、母親の影響力には及ばない。子どもたちは、母性愛の強い母親の方になじみ、生活共同体をつくりやすいので、社会的にも女性の方が強い。

2．農耕民と遊牧民の文化

稲作農耕民は、早くから谷間や山麓の清水の豊かな地域に定住し、厭地性の少ない稲を栽培する生活形態になじんできた。そのため、非活動的、安定型指向の女性が社会的影響力を強め、母系社会的な文化を培い、発展させた。

自然の厳しい地域で生活する遊牧民や狩猟採集民は、季節や獲物を追いかける生活形態を取らざるを得なかったので、活動的で冒険型指向の男性が、社会的影響力を強め、父系社会的な文化を培い、発展させてきた。

人類は、古代から民族や部族間の戦争が絶えなかった。特に大陸における遊牧民は、移動が容易であったので、略奪戦争を仕掛けやすかった。彼らは、馬を足とし武器としたので、少人数で定住農耕民社会を蹂躙しがちであった。

戦闘的な不安定社会における女性の立場は弱く、犠牲になりがちなことから男女関係が常に不安定状態で、遊牧民社会の男性は、女性を積極的に保護する作為的風習（レディーファースト）を培うことになった。

3. 男頑張れの社会

母系社会的な稲作農耕民の男は、遊牧民社会の男よりも気楽に社会生活を営み、穏和で友好的であった。

しかし、やがて、合理的で活力のある遊牧民社会からの文化的刺激によって、社会の発展と継続を願う人々が、徐々に父系社会へと移行させた。

文明が発展し、文化か向上するに従って、母性的、近視眼的、安定的な女性が中心になって社会を維持するには、肩の荷が重すぎるようになり、社会的には弱い男性をより強くする必要性が高まった。

稲作農耕民の父系社会は、生物的、社会的に強い女性と腕力的に強い男性が協力して、安定した社会を発展、継続させるための知恵として、社会的に弱い男性を、家庭教育や社会教育によって、「お前は男だ！　頑張れ！」と、社会的により強くした作為的な社会なのである。

4. 青少年教育の必要性

私たちは、生物的〝人種〟と、文化的な〝民族〟、そして政治的な〝国民〟に区別されて社会生活を営んできたのだが、国際化した文明社会では、その区別があまり必要でなくなってくる。しかし、文化的な〝民族〟だけは、かなり長く残るだろう。

もし、人が、風俗習慣や言葉等の民族的特徴を身につけていなければ、社会生活を営むには都合が悪く、一人前の社会人になりきることはできない。

古代から、人類は、子どもたちに文化的特徴を持たせる〝民族化〟の教育をし、子どもたちが学習することを義務づけてきたが、それも文明化と共に衰退してきた。

これまでの世の知恵者たちは、生物的、社会的に弱く、不安と孤独に悩みがちな男性を強くするために、青少年時代に「お前は強いんだ!」の倫理を教え、伝えてきた。それが、家庭教育における〝しつけ〟の一部になり、地域社会における祭りや年中行事、その他の儀式等を通じて行われた、社会人準備教育としての〝青少年教育〟の起こりであった。

遊牧民社会では、一二、三歳からすぐに大人社会の仲間入りをするが、稲作農耕民社会、特に日本では、一五才までの少年、二五歳までの青年期が世界の中で最もはっきり区別されていた。これは、作為的な父系社会を維持、継続させるための青少年教育の手段として、行われてきたものであった。

民族化教育や父系社会が弱まれば、社会は自然に不安定になり、中性化する。それでは困ることが多くなるので、「お前は男だ! 強いんだ! 頑張れ!」と、私たちはこれからも青少年教育が必要なことを叫び続けなければならない。

(2) 少年教育の基本は予防対応

1. いじめ・非行等はなくならない

人間が社会的動物である限り、争いや不和は起こり得る。ましてや未熟な子どもの世界では、いじめやけんか、そして非行等は起こり得ることである。

だからこそ、学校教育も社会教育も、それらを未然に防いで、より良い元気な社会人を育成する予防対応として必要なのである。

まだ未熟な少年期の子どもは、動物的本能に従って利己的になり、集団になるとどうしても誤解や不快感から、いじめやけんか、それに未熟故の同調し難い反抗心から非行に走りやすい。

しかし、子どもの心理的状態のまま大人になると、より安全で平和な、安定した社会を営むことができないので、知恵のある大人が、予防的に協力・協調や利他的な心を培い、育む少年教育を仕掛けることが必要なのである。

一般的には、少年期の子どもの単純ないじめや非行は、より良い社会的大人になるための登竜門でもあるので、それらの体験をせずに成長すると、守られる立場のひ弱な社会人になりがちだ。

2．結果対応では効果は弱い

少年期の子どもの世界では、いじめや非行が起こりがちであることを知っている大人は、子ども時代に少しでも利他的精神を培わせるために、いろいろな機会と場を与えてきた。それは、信頼社会であった日本では、家庭や地域社会で行われてきた、社会人準備教育としての他を見習う、見習い体験的学習活動であった。

日本のような信頼社会では人間の絆や信頼心が強く、起こる前の予防的対応が重視されるが、欧米や中国等のような多民族・多文化の不信社会では、共通性が少なく、絆や信頼心が弱いので、起こった結果に対応する策が重要で、社会的な予防的対応策が取り難い。

欧米的な価値観に同調しがちな今日の日本では、いじめや非行、自殺、登校拒否、そして今問題になっているネット中毒等に負けないようにする予防的対応策よりも、起こっている結果に座学的知識によって対応しがちである。

本来の日本は予防対応的で大人の知恵が活用されていたが、今日では文献学者の結果対応の座学的な理論が優先し、子どもが王子・王女のようになりがちで、孤立して大人になるための準備教育がなされていない。

3．今も必要な大人の知恵

社会が発展するための知識・技能等の情報文明は、日進月歩で止まることを知らないが、日常生活を安心・安全に暮らすために必要な生活文化は、急に変わるものではない。

いつの時代にも必要な社会人準備教育は、大人が日常的に親しんでいる生活態度や価値観を伝えることである。その方法のひとつとして古代から行われてきたのが、「見習い体験的学習活動」であった。

子どもが一人前になると親になり、親が一人前になると祖父母になると言われているが、生活文化の伝承は隔世伝承で、祖父母から孫の世代へ伝承されがちである。

戦後の日本は核家族化し、祖父母と孫の世代が断絶しがちで、日本の生活文化が伝承されなくなっている。親は単なる知識や技術は伝えられても、生活文化を伝えるだけの知恵がまだ十分備わってはいない。

今日の子どもたちは、言葉や活字、視聴覚機器等による知識の伝達をされているだけなので、生活文化を体験的に身につけることができず、なかなか大人になれない状態にある。

そこで、これからも、社会が安定・継続するためには、座学的知識よりも、何十年も現場で生き続けて来た大人、特に老人の知恵としての言行動が必要なことに変わりはない。

4．予防対応としての見習い体験的学習活動

人間本来の「教育」とは、人間性を豊かに培って、生活と労働の準備をすることであり、社会生活を楽しく元気に過ごせる人を育てることである。

その方法として、日本では古くから見習い体験的学習活動や自己鍛錬等があった。ここでの「自己鍛錬」とは、日本の人間教育的用語で、心身を鍛錬して人間性を豊かに培い、自分自身を高めることであ

る。これは欧米のキリスト教文化圏ではあまり重視されていないことで、日本の特徴的文化でもある。

社会人準備教育としての少年教育の基本は、いつでもどこでも予防対応が重要で、社会的無責任がつくり出す結果対応になってはいけない。

いつの時代にも起こり得る子どもたちのいじめや非行等が、陰湿にならないようにする予防対応の策は、少年期に長期的集団活動のできる見習い体験的学習活動の機会と場を与えて、自炊等による共同宿泊生活としての、「生活体験」をさせることが最も効果的である。

(3) 少年期に総合的体力を

1. 少年期の心身発達段階

ここでの少年とは、心身の完成期に達していない男女のことで、心身の発達段階によって、六歳から一五歳までとする。

少年期の心身の発達段階としての年間発育量は、次のように考えられている。

神経の発達は五歳頃から始まり、九、一〇歳がピークで、一四、五歳で完成し、大人とほぼ同じ状態になる。

身長は、五、六歳から伸び始めて一三、四歳がピークで、女子は一五歳頃、男子は一七歳頃にはほぼ完成するとされている。

心臓は、九歳頃から肥大し始め、一三歳頃がピークで、一七歳頃には大人とほぼ同じ状態になるそうだ。

女性ホルモンの分泌は一三歳頃から盛んになり、一六、七歳で女らしい肉体になる。男性の筋肉は、一三歳頃からつき始め、一七歳がピークで二〇歳頃には完成の期に達するとされている。

神経の発達は、心の成長ともかかわっているので、精神的能力を身につけるには一〇歳頃が最も大切で、一五歳頃までに身につけた価値観や生活態度が人間力の基礎・基本となる。

2. 少年期に基礎・基本を

少年期は心身の発達が大きく、重要な時期なので、六歳から一〇歳までの前半期と、一一歳から一五歳までの後半期に分けて考えることが必要である。

前半期に体得すべきことは、安全・衛生等の概念・自立心・防衛体力、身体によいものを食べ、よく遊び、よく眠る習慣等。

後半期に習得すべきことは、情緒、情操の心、忍耐力、社会性（道徳心）、行動体力等。

前半期には、まず仲間づくりの基本である集団化の知恵（規則・競争・義務）と勘を身につけ、自分自身を守る力を培う。

後半期には、集団の中の自分は何者なのかを考える個人化（自由・平等・権利）の知識・技能を身につけ、善悪を社会的に判断できる道徳心を培う。

体力の基礎・基本は、言葉や活字、視聴覚機器等によって身につけることは難しいので、他と共に群れ遊んだり、自然や生活体験等の体験活動をしたりすることによって、培うことが重要である。

3. スポーツと総合的体力

今では四年に一度、世界的なスポーツの祭典としてのオリンピック大会が開催されているが、スポーツがだんだんと金権化、ビジネス化して熱を帯びている。

平成三〇年二月には、韓国の平昌において冬季五輪が開催され、二月二五日に無事終了した。日本選手は史上最多の一三個もの金銀銅メダルを獲得して関心を高めた。

日本では、二〇二〇年の東京オリンピックを控え、各スポーツの選手養成が活発で、少年前半期から、体力や技術を高めようと専門化しているが、少年前半期には全身を使って獲得する、総合的体力の基礎を培うことが重要。

少年前半期から各種のスポーツ一点張りになると、一〇代後半から二〇代早期に、心身ともに行き詰まりがちになり、トップクラスにはなり難い。何より、成人後に心身の発達が弱く、最高の技や体力、精神力を発揮したり、社会的な総合的能力を高めたりすることができない。

より程度の高いスポーツ選手を養成するには、少年前半期にはいろいろな活動をさせて、総合的体力の基礎を培わせ、少年後半期になって本人が好きな、または才能が認められるスポーツをさせればよい。

4．一流選手に必要な総合的能力

少年期に歩いたり、走ったり、取っ組み合ったり、他と共に遊んだり、自然や生活体験等の素朴な体験活動をすることが、想像力や活力、向上心など総合的能力の原点であることは、古来周知のことなのだが、今日の親や指導者はそのことを忘れて近視眼的になり、体力・技能を中心とするスポーツ選手養成になりがちである。技と時間の競争になっているスポーツに、少年前半期から専門的に親しませると、競技体力や技能は培われても、人間としての総合的能力は培われない。

一流選手にとって重要な総合的能力の基礎は、少年期に長い距離を歩いたり（かち歩き）、走ったり、他と共に行う鍛錬や訓練等、多種多様な全身活動を通じて培われる。

より優れた選手になるには、体力や技能だけではなく、他を見習うこと、学ぶことによって上達する意義や楽しさを知り、道徳心、健康管理等の自己管理能力や精神力を高めることが必要。

スポーツは、技と時間の競争だが、少年期に基礎体力を培い、他人よりもまずは自分に克つ克己心、精神力、そして、他を思いやる社会性、道徳心等の総合的能力が、感覚的、理論的に培われていないと、世界に通じる一流の選手にはなれない。

（4）知恵者たちの青少年教育

1．文明社会の諸現象

自然とともに生きてきた私たち人類は、より豊かに、安全に、幸せに生活するために、いろいろな道具を生み出してきた。ところが、その文明器具が、私たちの価値観や生活観・行動様式にまで大きな影響を及ぼすようになってきた。

文明器具の洪水によって、心や身体がむしばまれるようになってしまっては、文明化の意味を失うことになる。

文明化の象徴として機械化・合理化・消費化が浸透した。そしてその結果文明人たちは、なるべく身体を動かさないで目的を果たせるような合理的な生き方を好むようになった。そのせいか、利己的、利那的、欲望的で社会性が乏しく、ストレスに悩む人が多くなった。それは、社会人の基本的能力未発達性症候群的現象でもある。

利己的な人々が集う社会は、中性化・幼稚化・金権化・ボーダレス化等が進み、刹那的で欲望的となり、汚職や犯罪の多い弱肉強食の不安定社会となる。

今日こうした文明的社会の諸現象の中で生まれ育った子どもたちは、いじめや登校拒否、非行や暴力、アレルギー等の度が強くなり、心身のバランスを失いがちになっている。

2. 知識者の対処主義

文明的社会の多くの知識者たちは、諸々の社会現象の対応策に安易な対処療法を考える。まるで〝木を見て森を見ず〟的な悪い部分を切り取るか、隠してしまうような対応策では、根本的な解決にはなり得ない。

例えば、いじめ防止に小学校にカウンセラーを置いたり、選挙の投票率を上げたりするための若者たちへの対策等は、青少年教育の目的を見失った安易な処置でしかない。大切なことは、子どもの心身を強くし、若者の社会意識を高めるための予防療法だ。

青少年の育成は、短期間にできるものではない。理屈ではなく、日常生活の中に、より良い社会人に育つ種が蒔かれるものなのだ。一五歳の少年少女は一〇年以上の日々の生活が、二五歳の若者は二〇年以上の日々の生活が積み重ねられている。一五歳や二五歳になって急に対応するのでは、学者たちの調査・研究した資料による画一的対処でしかない。

3. 知恵者の予防療法

人は生まれながらにして文化や文明を身につけているわけではなく、日々の学習と訓練によって、より良い社会人に育っていく。

今日社会問題になっているいじめ、登校拒否・非行・暴力等は、古代から変わらないごく当たり前の子ども社会の現象である。

しかし、このような現象がそのまま青壮年社会にまで広がると社会を安全に維持しにくくなる。そこで経験豊かな大人である知恵者たちが、予防療法として、四～五歳から二〇歳頃までに、様々な対応策を施してきた。それが、幼少年時代に家庭中心に行う〝しつけ〟と呼ばれる習慣的能力の養成であり、青少年時代に地域社会中心に行う、〝素養〟と呼ばれる精神的能力の養成であった。それらの大半は、異年齢集団で行われる体験的学習によって身につくものである。

知恵者は、物事の経過を大切にし、結果を洞察する力を持っている。一〇歳の少年が二〇歳や四〇歳になった時のために、今何をなすべきかを伝えることのできる人こそ知恵者なのだ。それを考えずに対処する人は知識者でしかない。知恵者の青少年教育は、「先憂後楽」的な予防療法で、発達段階にふさわしい体験的学習、すなわち野外文化教育なのである。

4．明るく・楽しく生きるために

私たちは、人生を面白く、楽しく意義深く暮らしたい。より健康で、明るく、楽しく、安心して、快活に生活するためにより多くを学び、より良く働く。

しかし、そのためには忍耐力、努力、工夫が必要。しかも、厳しさのないところには楽しみも、面白味も持続させることはできない。

私たちにとって、考えることは容易だが、行動することは苦難が多く、結果を確認することは一層つらくて厳しい。〝なすことによって学ぶ〟ことは、過去、現在、未来いかなる時にもごく当たり前のことである。

明暗や苦楽は対をなすことによって、その価値が分かるように、努力して学び、苦労して働く厳しさの中でこそ、本当の楽しさや喜びを発見することができる。

人材不況といわれる今日の社会現象は、私たちがこれまでの人類の英知を忘れ、あまりにも短絡的に、しかも安易に、物欲のとりこになった結果である。

古代より続けられてきた社会の後継者づくりである青少年教育は、より明るく、楽しく、安心して生きるための努力と工夫の賜物であった。

（5）野外伝承遊びは人づくり

1．文明の落とし子たち

今日の文明社会では、子どもたちが野外で遊ばなくなっているし、遊べなくなっている。その代わり、文明機器を相手に室内で一人で遊ぶようになった。世界の多くの人々は、そのような子どもたちを文明化や豊かさの象徴のように思っているが、人類の未来にとってはあまりよい傾向ではない。

子どもは、いつの時代にも大人の真似をして、迷いながら成人し、自分たちの時代性を形成してゆくものである。しかし、現代の大人は、文明的社会に適応するために、子ども以上に迷っているので、子どもたちが見習う目標を失っている。そして、心の絆の弱い利己的な文明の落とし子たちは、身近なテレビやテレビゲーム、インターネット、漫画、その他で表現される世界や現象に近づこう、真似ようとしている。

大人に見本を求めることのできない孤独な子どもたちの日々の不安と不満が、いじめや登校拒否、暴力、非行、薬物濫用、援助交際等となって表れている。

2．大人が伝えるべきこと

いつの時代にも、大人は、子どもたちが自分たちと同じようになるように、社会人の基本的能力を伝えてきた。それは、一人前の社会人になるために必要な心得でもあった。

社会の諸事には四つの捉え方がある。それは、①変えてはいけないこと、②変わらないであろうこと、③変わるであろうこと、④変えなければならないこと、である。

大人が子どもたちへ伝えてきた、社会人の基本的能力とは①と②である。

私たちが生きる目的は、いかなる時代にも変わらない。テレビやインターネット等の文明化によって生活の仕方が変化してきたが、文明化や経済活動は、生活をより便宜的にする手段でしかなく、生きる目的ではない。

私たちにとって変えてはいけないことは、社会人としてよりよく生きることとお互いの信頼である。変わらないであろうことは、生き抜くことと道徳心である。

一人前の社会人である大人は、いつの時代にも子どもたちか信頼感や道徳心を培う機会と場を与えてきた。そのひとつが、幼少年時代に大人を真似て遊ぶ、体験的学習としての野外伝承遊びであった。

3．野外伝承遊びの三要素

子どもたちが、相手を知り、仲間をつくるのに最もよい方法は、古代も今も野外で二人以上が共に遊ぶ〝野外伝承遊び〟である。ここで言う野外伝承遊びは、野外で二人以上が共に遊ぶことのできる活動の総称で、例えば、かくれんぼ、鬼ごっこ、縄とび、綱引き、竹とんぼ、相撲等である。

野外伝承遊びは、古いとか新しいとかの時代性ではなく、いつの時代でも、子どもたちにとっては新しい遊びで、一人前の社会人になるための基本的能力（野外文化）を習得する機会と場なのである。

六、七歳から一二、三歳までの子どもは、野外でよく遊ぶ。この年代の子どもに言葉や文字、電波、電子映像で間接的に遊びを伝えても、物事の善悪、価値観、喜怒哀楽、好き嫌い等の感情、創造力や活力等の基本を体験的に身につける、遊びの本質を伝えることはできない。

こうした野外伝承遊びには三つの要素が必要である。それらは、仲間、規則、競争である。

日本の遊びを例にとって次のように類別することができる。

①仲間づくりによい遊びは、綱引き、縄とび、騎馬戦、かくれんぼ、陣とり、棒倒し

②規則を守り協調性を培う遊びは、鬼ごっこ、お手玉、石けり、石当て、おしくらまんしゅう

③競争心から努力、工夫する遊びは、ビー玉、こま、めんこ、竹とんぼ、相撲

このような野外伝承遊びは、スポーツやレクリエーションとは違う、野外文化活動なのである。

4. 遊びを見直そう

現代の日本の体育は、スポーツやレクリエーションに偏りすぎ、〝遊び〟がなくなっている。

スポーツは強い規則の下で技や時間等の順位を競う、訓練を要する厳しい活動であるので、発達段階の少年少女には、心身ともに強い負担がかかる。

レクリエーションは、まず楽しみありきで、規則や競争等の弱い、娯楽中心の活動である。

野外伝承遊びは、まず遊びありきで、時と場所によって規則が変化し、野外で二人以上が切磋琢磨しながら競い合う自発的な活動で、少々の訓練が必要であり、少年少女にとっては適度な心身の鍛錬となる。

人類は、遊びをする動物である。子どもたちが自然の中で遊ぶのは、心身を一人前にするために必要な訓練である。それをしないで。言葉や文字、視聴覚機器等で生活の知恵や道理（道徳心）等を伝えることはできない。

私たちは、幼少年時代に遊んだことを、後に論理的に学ぶことによってその原理を発見し、納得する。そして、納得することによって他人に伝えたくなる。まさしく、納得こそが伝承や活力、創造力を誘発する必要条件である。

これからの文明社会における人づくりとしての教育には、学校内の教科教育と同じように、学校外の教科書を使わない、野外文化教育としての野外伝承遊びの重要性を見直すことが必要である。

(6) 防災訓練としての〝かち歩き〟

1. 大人になるための鍛錬

世界の各地に古くから心身の鍛錬があり、忍耐力や克己心、向上心等を培うためのいろいろな行事があった。

例えば、日本では、力だめし、相撲、肝試し、遠泳、山登り、綱引き、和船競漕等。これらは、大人になるための通過儀礼として青少年期に必ず一度は体験することであった。そのため、明治以後の学校教育にも取り入れられ、学校体育として広く普及した。

しかし、こうした日本の伝統行事は学問的に十分な研究がなされていないままであったため、教育的効果についての認識を深めることはできていなかった。

そのせいか、戦後の日本では、こうした伝統行事が評価されず、欧米から導入された競技スポーツやレクリエーションが重視され、学校体育のみならず社会体育までも、画一的なスポーツになってしまった。

青少年時代に心身を鍛錬しておくことの重要性は、その体験者のみが知っていることなので、大人や親が必要だと思われることは、子どもたちが少々嫌がることでも体験させるよう努力することである。さもなければ、社会人の義務と責任を果たしたことにはならない。

文明がいかに発達しようとも、社会の共通性や心身の忍耐力なくしては、より良い社会人とはいえない。教育人類学的見地から、高度な文明社会におけるより良い社会人を育成する、対応策としての鍛錬事業が「かち歩き」なのである。

2．自己鍛錬としてのかち歩き

『かち歩き』の〝かち〟は、〝徒〟と〝勝〟の同音異義語で、ひらがなで書く。かち歩きとは、長い距離を飲まず、食わずで、飢えや渇きや疲労等の煩悩に打ち克って歩くことである。だから、戦前からある「歩け歩け」とは発祥を異にする。また、ハイキングや遠足、登山等とも目的が少々異なる。まして や、競技スポーツのひとつである競歩とは目的が違う。しかし、歩くという行為では類似している。

かち歩きは、健康管理、体力維持、持続力向上等もあるが、あくまでも己の煩悩に打ち克って歩く自己鍛錬が目的である。だから、目的地に早く着くことではなく、どのくらいの時間で、どこまで行けるかの自己確認が大事なのである。自分の判断で、これ以上無理だと思えば、途中でやめることも必要なので、自己管理能力が重要。

3、かち歩きのねらい

集団で行うかち歩き大会には、大まかでも規則が必要。それは、飲まない、食べない、走らない、の三原則と、歩行距離は、一五歳以上の正常な人の場合は、二五～四三キロまでとすることである。これより短いとほとんどの人が渇きや飢え、疲労を味わうことができない。また、これ以上だと、生命が危険な状態になりがちである。

青少年が大人になるための通過儀礼としての〝かち歩き大会〟には、次の七つの教育的ねらいがある。

（1）集団行動の体験

共通性のある集団の中で、お互いに励まし、助け合ったり、競い合ったりしながら規則を守っての行動。

（2）距離感の養成

歩きはじめはウォーミングアップを兼ねて時速五キロで、一～二時間歩くので距離を体感できる。

（3）判断力と方向感覚の養成

歩きながら周囲の物を見るのは、判断力や方向感覚を養成する基礎訓練になる。

（4）体力的自信の養成

長い距離を歩き通せば体力の自信になる。

（5）忍耐力の養成

長い距離を歩くことは、忍耐力、持続力、集中力等を養成する。

（6）足腰の強化

長い時間一定の速さで歩き続けると、足腰の筋肉の持続力を増す。

（7）飢え、渇き、疲労の体験

飢えや渇きや疲労の体験は、食べ物、飲み物のうまさ、大切さを教えてくれ、文明に麻痺されがちな野性本能を蘇生させてくれる。

4．防災の必要条件

九月一日の防災日には、防火訓練や簡単な避難訓練等、形式的なことしか行われていないが、必要なのは自己鍛錬ではあるまいか。

防災とは、地震や台風等の天災によって引き起こされると予想される災害を防止することである。しかし、その後に発生する、人間の不注意等がもとで起こる災害である人災防止も大事なことである。もしも、一か所に五万もの人が集まって水がなければ、一〇時間もしないうちにパニックが起き、大きな人災になる。

都会では、天災の後、水や食糧が一日や二日は補給できないことを予想した対応策が必要である。その第一は、集団の六〇パーセント以上が飢えや渇きの体験があり、集団行動体験のあることである。

今日の日本では、天災の後に人災が起こりやすいと予想されるので、「かち歩き」は防災の必要条件でもある。

(7) 少年教育と暗闇体験

1. 暗闇の不安

闇とは、光が全くささず、何も見えない状態のことで、〝一寸先は闇〟、〝闇にまぎれる〟〝真相が闇に葬られる〟等と使われている。

古来、人類が最も恐れたのは闇であり〝魔の闇〟とも表現された。光のない世界は、不安と孤独にさいなまれ、安心がない。その恐怖心が人を謙虚にさせ、他人への依頼や協力、協調の心が強く芽生える。自分にはいかんともし難い闇の世界にこそ、畏まる、慎んだ態度、姿勢になれる。闇とは人の心に神を具現化する機会と場なのである。

人類は古代から様々なことを経て、闇の恐怖から逃れるために、徐々に文明の利器を開発、発展させてきた。そのひとつが闇を征する灯りであった。灯りを点すこと、照明は、神に近づくことができた証明であり、心の自由を得ることであった。

しかし、今日の人類が、明るい文明的社会にどっぷり浸って驕り高ぶっていたとしても、まだ闇を恐れる心情が消えている訳ではない。

2．社会の信頼と協力

社会とは、共通の文化を持った人々または一定の規則の下に、二人以上が集まった状態である。ここでの共通の文化とは、言葉、道徳心、戒め、風俗習慣等のことである。

社会に最も必要な文化遺産は、信頼と協力である。それは、言葉や活字によって伝えられるものでも、法律等によって強制されるものでもない。お互いに通じる共通の意識、価値観、社会性等の文化によって育まれるものである。

社会では、理屈で知ることよりも、道理を弁えて実践することが重要である。しかし、今日の文明社会では、知ることを中心に考え、実践することを重視してはいない。だから、信頼も協力も社会的役目を果たす意義が薄れ、個々の知的世界の戯言に成り下がっている。

人は、闇の世界で不安と孤独にさいなまれるようなことを体験しない限り、他人の存在を疎ましく思い、社会の必要性を具体的に知ることはできない。より良く生きるための社会を大前提にすることのできない人に、信頼や協力の重要性を説いても詮無いことである。

3．文明の利器と人間性

日進月歩の文明社会で、物質的欲望を募らせ、資本主義を邁進する利己的な人々は、畏まる闇の世界よりも、経済的不況を恐れているのかもしれない。

しかし、彼らの人間性が本質的に変わったわけではない。変わっているのは、彼らを取り巻く文明的諸現象である。ここでの人間性とは、正直、親切、忍耐、信頼、活力等の個人の特性、内容のことである。

文明の利器は、日常生活をより良く、快適に、便利にするためのものであって、人間性を変えたり、失わせたりするためのものではない。

公教育の目的は、社会が安定・継続するために必要な後継者を育成することである。そのためには、まず、社会生活に必要な心がけであり、社会に共通する文化の共有化を促し、社会性を豊かに培う社会化教育を充実させることである。

しかし、今日の学校教育は、より良い社会人になる準備としての社会化教育が大変疎かになっている。

4．中学生に暗闇体験を

生きる力とは、社会に共通する文化としての基本的能力を身につけることなので、今日の学校教育にも、人間性や社会性を豊かに培う、社会化教育としての体験活動を取り入れるべきである。その体験活動は近代的なスポーツやアメリカ的野外レクリエーション、職業訓練的なことではなく、日常生活に必要なごく当たり前のことや、人間の基本的能力を高めるものでなくてはならない。

人間教育にとって、古代から最も重要であったと思われるのは、不安が募る暗闇体験である。それを多感な中学生時代に一度は体験させることが必要。

中学生は、自分ではもう一人前だと虚勢を張り、他人に耳を貸そうとしない中途半端な状態にありがちだ。そんな彼らには、否応もなく畏まる気持ちや心情が募る、暗闇体験が必要なのである。

少年教育としての暗闇体験は、野外レクリエーション的なナイトハイクや夜の自然観察や肝試し的なことではない。ましてや、日中、作為的に目隠しをして他人の力を借りていろいろな行動をしたり、歩いたりすることでもない。暗い夜道を、目を開けたまま、全神経を緊張させながら、一人または二〜三人で二〜一〇キロメートルを歩くことである。

いつの時代にも、人間教育に合理的、効果的な近道はないが、古代から変わることのない暗闇に対する不安や孤独感が、優しさと強さ、信頼性と協調性を促してくれることは間違いない。

（8）健康であるためには

誰もが健康でありたいと願うが、それは子どもの時にほぼ決定される。子どもは本能的に生命力を養成しようと活動するもので、子ども時代の少々のけがは、大人になってからの健康の勲章でもある。

1．子どもはよくけがをする

猿も仔猿の時は、よく木から落ちるが、人間の子どもも、二本足で歩くとよく転ぶ。木から落ちたり、転んだりすると痛いことは、猿の仔も人間の子どもも同じである。痛いから落ちないように、転ばないように気をつけるようになる。しかし木に登れるようになり、歩けるようになると、より高いところ、より遠いところへ行き、長い間その行為を続けるようになる。すると更に未経験の諸々に遭遇し、その度に失敗を繰り返す。小さな失敗は大きな失敗を防ぐための本能的な訓練であるが、子どもはそれを防衛能力向上のための自発的行為だとは知らない。もし親も知らずに、安全という名目の過保護であるならば、子どもは、ある日突然に大きな失敗をする。

子どもは自分の周囲の諸々に経験不足、認識不足から、毎日のように驚き、何でも確かめようと手で触れてみる。そして、これから長い間、己の生命を維持する体力づくりのために、絶えず全身を活動させるので、時には思いがけない事故を起こすこともある。しかし、少々の傷や骨折くらいなら、長い人生において、災い転じて福となすことでもある。

2. 冒険好きは健康体

生命力を養成するための肉体的欲望と、思考力を豊かにしようとする知的欲望から、子どもは絶えず未知なるものに向かって好奇心を持つ。だから、高い所に上がるなと命令しても上がるし、遠くへ行くなといっても遠くへ行き、いたずらするなといってもやってしまう。それはこれから、いかなる自然環境の中でも順応してより長く生きようとする、本能的な知力と体力養成のためである。

人間が成長してゆく上において、知的冒険よりも肉体的冒険の方が先に芽生える。それは何より、生命あっての思考であり、喜びであり、悲しみであり、悩みだから。だから、言葉を知るよりも、美や数を知るよりも自分の肉体のリズムとエネルギーと自由な活動に喜びを覚え、走り回り、ころげ、より高い所に登り、物を投げ、少々の傷でもなおればすぐに活動し、相手に興味を覚え、組み合ったり、さわったり、なめたりする。大人の目からすると小さなことでも、子どもにとっては大きな冒険を絶えず繰り返している。それは大人になるための日進月歩の訓練なのである。

もし、その自発的な冒険的訓練を大人の手によって規制したならば、その子どもは、大人になるための、十分な肉体的訓練がなされずに成長する。いくら外形的に整った肉体になっても、反射神経や自律神経、足や手の筋力が大人としての生命力を長く維持するために不十分なまま成長することになる。

3．少年期の大いなる遊び

四～五歳から受験のために、肉体的訓練の自発的冒険を規制すれば、その子どもがどんなに知的に優秀でも、四、五〇歳になると体力が弱まり、不健康がちになる。人間は、物や知識を今日ほど得なくても生きてゆけるが、生命力を維持する体力を養成しなければ長くは生きられないし、健康を維持できない。生命力を維持するために必要な肉体的訓練は、誕生してから二〇歳頃までの成長期に、約九〇パーセント依存し、成人後はいくらスポーツしても一〇パーセント程度でしかない。特に三、四歳頃から一二、三歳頃までに六、七〇パーセントが依存している。だから、少年期の冒険的肉体訓練は、大人になってからの健康に大きな影響力がある。

幼少年期には、危険をまだ十分に知らないので、長い人生を健康に生きようとする基礎訓練としての肉体的冒険が安全にできるように、大人が保護し、機会を与えてやることが必要。知的冒険心は少年期の中期から始まるもので、四～五歳の子どもが知的に優れていると思うのは、大人の錯覚である。子どもは、なんでも、模倣し、本能的に好奇心を持って行動するからこそ、大胆に冒険する。子どもの大いなる遊びの冒険こそ、心身を健全に育み、心にゆとりのある人物を養成する。

4．健康は足から

小さな冒険を繰り返して、何が危険で、何が安全か、そして何が喜びであり、豊かさであるかを知るものであって、いくら言葉で説明されても本当の安全は分からないし、いくら物質的に恵まれても本当の豊かさや喜びは分からない。

部屋の中でいつも知的冒険心と競争心だけを植えつけられ、間接的情報によって教育された少年は、大人になってから心のゆとりを失い、豊かさや生きがいの本質を失い、健康を維持するための体力が劣りがちになる。だから親が子どもの将来のためにと、知識教育に専念しすぎることは、かえって子どもの不幸を招くことになりがちである。人間は知識がいかに豊かになっても、肉体は幼児、少年、青年期と長い年月を経て徐々に成長する。

やはり、肉体の成長に見合った運動と知識教育が必要なのであって、知識教育を異常な早さで行うことは、動物である人間にとって不健全な状態である。大人になってから生命力を維持するために必要な肉体的訓練の必要度は、一生の中ではわずか一〇パーセントくらいであるが、これは健康管理に必要な知的冒険心によってなされる。だから肉体的冒険はしなくとも、かつて経験した肉体的訓練を己の意志に基づいて適当に繰り返すだけでよい。

大人が健康管理のため肉体を訓練するのには、特別の施設も、他人の協力も、援助も必要としない。大地と空気と水さえあればどこでも運動が可能である。街路でも、工場の中や屋上でも、森林や野原でも、二本の足と手を動かす運動をするだけでよい。人間は生まれた時は四つ足で、やがて二本足になり、そして三本足になって死んでゆく。二本足で歩ける時、誰でもできる歩く運動を適度に行うことこそ、最高の健康管理なのである。だから、人間の歩くという肉体的欲望のみならず、知的欲望である克己心をも満足させるために、「歩く禅」である「四三キロ飲まず食わずかち歩き大会」を、東京で毎年二回開催している。

(9) 少年教育に望むこと

地球上のより多くの民族が、宗教や思想の組織化のためではなく、自主管理のもとに吸収型の国際化ができるよう努力している。

1. 人間に共通した能力の開発

いかなる人間も社会の一員としてしか生きていけない弱さがある。その範囲の大小にかかわらず、他人との共通性の拡大が自己の能力をより以上に開発する手段でもある。

今日の発展した文明社会で生きるために必要な最少の共通性として、自分の所属する社会集団の文化とその背景を認識することが望まれる。その観点に立って、これからの青少年教育に望まれることは、まず第一に国語を正確に話し、理解する能力を培うこと。第二には、健康で快活に生きるに必要な体力を培うよう努力すること。第三に、風土と生活文化の実体験を通じての社会性を高めること。

この三つのことが、社会生活を営むに必要な基本的要素であり、この社会人に共通した能力を欠いた者は被保護者の立場でしかない。

いかなる民族社会でも、生きるために必要な基本三要素は、古代より、社会人の義務として青少年が学ぶよう強制されてきた。まずこの最少限の共通性を培わない限り、社会人としての個性の開発や尊重の必要性がなくなってしまう。受験のために必要な知識は、この三要素の後に要求されるものであり、決して優先するものではない。

2．自然環境と土着文化の関連

人間は自然環境に順応して生きるために、いろいろな生活文化を培ってきた。その結果だけを理論的に比較することは、知的な遊びではあるが理解するために十分な手段とはいえない。

条件の異なった地域に住む人々が、お互いに異なった生活習慣や思考方法があることを理解し合うためには、まず、自分たちの土着文化を認識すべきである。また、自分たちのことを知るために他を見ることは大いに役立つことである。

何より、自分たちの特徴を知るためには、まず、自分たちの自然環境を理解することが最優先である。民族の特徴や社会の特質は、自然の見えない力で人間が知らず知らず培ってきたものが大半である。だから、その特質の発生の要因と思われる原点と、今日まで改革、改善された経過と、その結果との関連を認識することが重要である。物事には、必ずその経過と関連性があることを理解する能力は、結果の特質を知る上において重要なことである。そして土着文化の経過と自然環境との関連の理解力は、他民族の特質を知る上において、大きな情報源であり、判断の基本的な能力になる。

物事の成り立ちを知ることを理解したと表現するのであって、結果だけを知ることは理解したことではない。理解せずして努力の成果は望めないし、向上心や意欲も湧いてこない。個人にとって理解する能力を培うことは、自己の活力を増すことであり、社会にとっては、土着文化の成り立ちの理解を深めることである。国際間では土着文化を理解し合うことが協力の第一歩である。

3．異民族との協力

私はこれまでに一一一か国を訪れ、地球上にはいろいろな民族がそれぞれ特徴ある生活文化を培って社会を営んでいることを知った。すべて理解できたとは思えないが、日本とは異なっていることを知ることによって、日本の特質を少々理解できたように思える。

ところで、地球上のいろいろな民族を同じ生活文化に統一することは、大変な犠牲と努力を払ったとしても不可能である。それよりも、異民族の特徴を認め合うことの方が容易で可能性があるように思える。

いろいろな民族がお互いの特徴を主張し合い、社会を営むために必要な最少の共通性は何かを話し合えば、お互いの文化の特徴の成り立ちを理解することができよう。そのためには、青少年時代から土着文化の経過と関連性を深く理解することが望まれる。

異民族の文化の成り立ちも知らずして、単に言葉が通じたり、握手して笑い合ったり、交友や交流が盛んだからお互いに理解できると思うのは、主観的な錯覚のような現象で、社会環境が変化すれば価値観が変わってしまう。まず、相手の生活文化の特質を理解し、その存在を尊重する人間性を培うことが重要だ。そのためには、自分たちの特質を知っていなければならない。その上で話し合いによって協力し合うことが、今後の世界情勢の中では望まれよう。しかし、異民族間の協力、援助は、民族の自主管理能力の高揚を図るためでなければ、社会状況の変化によっては、内政干渉にもなりかねない。

日本以外の多民族国家では、指導者の交代によって全体が変化する傾向が強い。このような国家には、社会全体の向上を望むよりも、個人または一部族の向上のためにしか努力しない人が多い。そうした場合には注意しないと、本当の意味の国家間の協力にはなりにくい。今後の世界情勢の中では、お互いの協力なくして発展は望めないので、民族の社会的、文化的特徴を理解する努力が、これからの国際間協力では一層望まれる。

4. 国際的組織の非支配化

人類は有史以来国際化を拡大するために、今日に至るまでいろいろな戦争を経験し、いろいろな努力をしてきた。最も多くの試みがなされたのは、自分の国の文化を他に武力によって与え、押し付けた植民地政策である。しかし、その時代はもう終わった。他には、積極的に他から文明や文化を吸収する国際化もあった。明治維新以後の日本はその代表例であり、最も成功した例である。今日では、高等な文明の発達によって、地球は物理的に非常に狭くなった。その狭さによる国際化が今進行中である。

これからの国際化はますます強くなるが、その本質は、各民族の自主管理能力の発展による、吸収型が望まれる。物理的狭さの国際化は、経済力や政治力によって、他民族を無視しがちな結果が生まれそうな気がする。

国際化による物の豊かさが、社会の活力を失ったり、平和を破壊したり、生活文化や自然環境を破壊してはならない。

何より青少年教育で、最も警戒しなければならないのは、文明という名を借りて今日もまだ侵略し続けている、宗教と思想の国際化である。

人類は、国際化の道具にこの宗教と思想を使ってきた。平和と文明の使者として錯覚されたり、政治や権力闘争の道具に使われたり、過去に多くの実例がある。

今日のいろいろな国際間の紛争は、すべてこの宗教と思想が原因である。そして。平和と文明の名のもとに、国際的組織の拡大が今も続けられているが、決して支配化に役立ててはいけない。国際的組織の非支配化が現実にならない限り、日本が見事成功した、吸収型の自主的国際化は、これ以上望めない。

地球上のより多くの民族が、宗教や思想の組織化のためではなく、自主管理のもとに吸収型の国際化ができるよう努力している。そのことを理解させることが、今後の青少年教育に最も重要なことである。

(10) ぞうりをはいた子どもたち

小学校三年生頃までは、学校や町中ではぞうりをはいて遊ぶことを奨励してはどうだろうか。

1．長く立てない青少年

十数分間の朝礼に立ち続けられない小中学生や高校生が多いことは周知のことであるが、大きな問題になることなく、立たせる方がいけないという意見さえある。新日本人ともいえる新しい世代は、身長が伸び、知識は豊かになったが、足腰が弱く、立つことも歩くこともあまり得意ではない。

豊かで高等な文明社会の中で、立ち続けることの少ない彼らは、立っていられないのが普通だと思っている。立ち続ける苦痛を耐えることなく、すぐに座りたがる。たしかに立っていることは非文明的、非合理的である。立派な椅子があり、座具があるのに立っている必要はない。そのせいか、電車の中でもどこでも若者たちが我先にと座る姿をよく見かける。

子どもたちは自分の体力、精神力のなさを認識することなく、すぐに苦痛を訴える。聞き入れてくれない場合には、ふてくされたり、親または仲間に不満を告げたりする。結局心身を培う努力をすることなく、未熟な知識で自分を主張し、口先だけ達者で表面的な性格を身につけて小中学校を進級する者が多い。

彼らは受験用の知識だけは豊富に習得するが、社会性や人間性、そして心身を培う鍛錬をしないまま成長する。その原初的な理由は、歩くようになってすぐに靴をはくことにあると思われる。

幼少の時から一年中靴下をはき、歩けるようになるとすぐに靴をはくことは、足の指や裏を大地につけて歩く習慣をなくすることで、足を強くするのには役立っていない。また、足が不自然な型になり、脚力を弱くすることにもなる。

昔、中国には、幼い頃から小さな靴をはかせて足を不自然な形に小さくする、〝てん足〟があった。あれは、男性の好みで、筋肉の弱い、やわらかい肌の女性を求め、足腰を弱くするために自由に歩けないようにした。

幼い頃から靴をはいて育った現在の青少年は、文明社会にどっぷり浸って歩くことも少ないため扁平足が多く、足腰も弱く、バランス感覚がよくない。これは大きな問題であり、このまま放置すべきことではない。

2. 野性を忘れた親たち

〝子は親の鏡〟の格言が正しいとすれば、新日本人は、本質的には旧日本人の複製である。すなわち、今の子は、今の親を真似ているだけのことである。

幼少の子どもは、健康についても、将来のことについても、体力や精神力についても考えることはない。ただ、食べて飲んで遊んで眠る、動物的本能を満たすだけである。青少年の体力がないのは親が培ってやらなかったのか、培い方を教えてやらなかったからである。

幼い子どもは、足袋や靴下をはくことも、ぞうりや靴をはくことも知らない。だから、親が特別な配慮のもとに保護しない限り、子どもは裸足で歩く。しかし、昔の〝てん足〟のように、生まれて間もなく足を包んでしまえば、裸足で大地を踏むことを知らず、自由に歩き回る喜びも少ない。

旧日本人である親たちは、裸足で歩くことも、ぞうりをはいて歩くことも知っているし、足袋も知っている。しかし、靴をはくことしか知らない新日本人の青少年たちにとっては、裸足で歩くことやぞうりをはいて歩くことは異常なことである。親たちは、自分たちが体験した野生的な人間の強さや楽しさを非文明的と見なし、生長過程に必要な体験としては認識し得なかったのかもしれない。

親たちは額に汗して働き、よく歩いて強健な足腰を培ったが、豊かさを知らなかった。その物質的な豊かさの願望が強かったせいか、子どもたちに同体験をさせないように努力している。そうすることがかえって子どもを弱くすることを知らないかのように……。

心身を培うことを強制されてきた親たちは、今豊かな社会で、裸足になることも、歩くことも、額に汗して全身で働くことも忘れている。その姿を幼少年の時から見てきた新日本人たちは、裸足になることも、歩くことも、全身で働くこともよくは知らない。

3. 自然環境とはきもの

足腰の弱い人は一生不健康に泣くに違いない。健康であるにはまず幼少年時代に足腰を強くするためによく歩くことである。特に、幼少年時代には、自然な姿が最も望ましく、裸足で歩くことである。しかし、屋内や特定の場所以外は危険が多いので、足の裏を守る必要がある。子どもたちが野外で歩く場合、日本で最も理想的なはきものはぞうりである。

地球上にはいろいろなはきものがあるが、すべて自然環境の条件によって考案されたものである。

寒冷地帯は長靴、亜寒帯地方は、短靴、高温の乾燥地帯はサンダル、温帯地方の日本ではわらじまたはぞうりやげた。熱帯地方は殆ど裸足である。

零下三〇度にもなるモンゴル高原で生活する人々は、長靴をはき、馬を足代りに走らせる。モンゴルの長靴は歩くには不向きだが、乗馬用で暖かい。

日本の夏、靴をはくと中がむれて暑いので水虫になりやすい。夏はげたが最も自然環境にあったはきものであるが、天候のよい時にはぞうりの方がよい。ぞうりは、足の指がよく動かせ、大地の感触が足の裏に伝わりやすい。

冬を除けば、日本では屋内外を問わずぞうりが自然に適ったはきものである。文明は一夜にして世界を駆け、画一化するが、自然環境をかえるのは不可能に近いので、西欧の寒い地方で考案された見かけのよい靴は、日本の夏にはあまりふさわしくない。ぞうりは、日本人の文化であり、技術であり、道具である。

4. ぞうりは足を強くする

子どもを野外で活動させる時、外見のよい靴は足を過保護にし、足の機能を十分に発達させない。靴の型に足をなじませ、一本ずつの指の力をつけない靴は、幼少年時代の基礎体力を培う時には理想的なはきものとはいえない。それよりもぞうりの方が良い。もともとはきものは労働用であるが、今は歩くことを主目的としているので、ぞうりを子どもの健康的な歩行用として考えるべきである。

ぞうりは五本の指の動きが自由であり、足の裏を全面的に刺激するので、足の機能を十分に発達させて強くする。足が強くなれば歩くことを嫌がらないので筋肉が発達し、脚や腰が自然に強くなる。そうすれば、数十分の朝礼を嫌がったり、耐えられなかったりする子どもは少なくなる。

子どもにとってぞうりは足を十分に保護してくれないので、寒い、痛いなど危険が多く、自然を直接肌に感じることができる。

中学生になってもぞうりをはけとはいわないが、せめて、小学三年生頃までは、学校や町中ではぞうりをはいて遊ぶことを奨励してはどうだろうか。

私は〝異年齢集団の野外文化活動〟の提唱者として、子どもの野外での活動または教室内ではぞうりをはくことをすすめたい。すでにそのことに気づいて実行している先生がいるようだが、まだ日本全体からすると少数である。

二一世紀を生きる日本人の健康は、親である私たちが今気をつかってやらねばなるまい。同じ世代を生きる多くの日本人が、このことをご理解いただきたい。

(11) 社会の素養を育む野外文化活動を

野外文化活動は、スポーツ的な要素、娯楽的な要素、情操的な要素を含み、青少年の社会性、人間性を培い、知的欲望と体力養成を同時に満たす極めて重要なことである。

1. 自然と風習

南北に長い日本列島の自然は活力と緑に富み、巡り来る季節によって多くの幸を恵んでくれる。しかし、自然環境は地域によってかなりの差があり、生活習慣に僅かな違いがある。特に言葉に特徴があり、日本人といえども、お互い理解し得ないほどであった。

東北地方では、半年もの長い間雪に埋もれる自然環境から、耐え忍ぶ生活習慣を日常のこととし、九州、四国地方では、一年中太陽と青い空に恵まれ、野外での行動が日常化し、屋内にいることが少ないせいか、開放的で、感情をむきだしにする人が多い。

自然は決して私たちに歩調を合わせてくれることはないので、いつでも、どこでも順応できる知恵をたくさん習得する必要に迫られ、日本人は青少年時代から野外文化活動を通して徐々に素養を育む努力を続けてきた。

自然に調和する素養を持っていた日本人は地域性が強く、先祖代々守り続けた風習もあり、その特徴を理解すると、出身地を知ることができた。そして、地域社会の団結や共通性が大変強く、自然に順応するための運命共同体的な意識すらあったように思われる。

2．日本人の素養

いかなる民族も、より豊かに、より安全に、より楽しく生活できる条件を求め続けてきた。その第一条件が自然環境であることに疑う余地はない。千数百年もの間、世界に例のないほど豊かな自然と共に生活してきた日本人は、各地方でいろいろな風習を持ちながらも共通した素養がある。

年末に門松を立て、元旦に雑煮を食べることは、その方法を異にしても、お互いに分かり合う感受性を持っていた。桜の花の咲く時や、場所が異なっても、美術・工芸・思想等の世界で通じ合えるものがあった。

祭りや踊りにもいろいろあるが、夏祭り、秋祭り、盆踊りといえば、日本全国どこでも共通する感性があったし、自分たちのそれを想う世界がある。地方弁や太鼓のリズムや、形は異なっていても、日本の祭り、日本の踊りという基本的な共通性がある。例えば青森県の〝ねぶた〟京都の〝祇園祭〟岡山県の〝裸祭〟、徳島の〝阿波踊り〟等、日本人に共通した素養が感じられる。

夏の川や海は、それだけで絵になり、詩になった。誰しもが思い出の世界にサクラ貝を手にした喜びと悲しみがあった。誰がどんな説明をしても、理解し合える共通の話題が満ちあふれる夏があった。日本人であれば誰でも稲作の思い出があったに違いない。早苗の緑、黄金色の稲穂が頭を垂れた様子……。

私は稲を刈るのが好きだった。稲ワラの香りが好きだった。ワラの上で相撲をした。転んでも痛くなかった。運動会で早く走れたのは、田圃で練習したからだった。稲ワラと麦ワラを見違えることはなかったし、トマトやなす、かぼちゃの花や葉を見わけられ、そのつくり方も知っていた。

地球上のいろいろな民族を探訪したが、日本人ほど自然の恵みをうまく使いこなしていた民族は少なかった。しかし、いつの日からか、私たちの先祖が培った素養は、異文化に併合されたり、吸収されたり、その大半が、近代文明の大きな津波に押し流され、海の藻屑になった。

3. 画一化による不安

戦後、緑の美しかった日本の大地にコンクリートの建物が林立し、大都会の東京や大阪も、中都市の仙台や高知も、小都市の町々もすべて同じ光景になった。家の形も、調度品にいたるまで日本中が画一化した。日本人の話す言葉も、着ている物も、食べている物も同じなのである。

東北のずうずう弁も、鹿児島弁も土佐弁も消えかけている。日本中のラジオ、テレビが、早朝から深夜まで話しまくっている。マスコミュニケーションに育てられた日本人が、まるでおしゃべり人形のように同じ言葉でよくしゃべる。

数年前、イタリアのローマで日本の青年二十数名と生活を共にする機会があった。言葉は横文字の多い新日本語ともいえる単調で語尾上がりのアクセント。夜になると、ギターを奏で、皆、流行歌を大変上手に歌った。自分たちの故郷については殆ど語らなかった。

夏だったが、祭りのことも、盆踊りのことも話さなかった。日本全国から集まっていたが、共通話題はテレビ番組と漫画本以外になかった。自分が話している時は楽しそうに笑うが、静かになると、他人とのかかわりを拒否するかのような、気配りのない表情に驚かされた。

この頃、私は日本人の不思議な目を見るようになった。パソコンを相手に遊ぶ少年の鋭い目、何もしないで傍観する青年のうつろな目、面白い服装をした男女の狂気の目。どの目も自己を主張し、満足しているのではないかと思ったが、皆淋しそうな表情である。彼らは、日本の自然に培われた共通の素養を持ち合わせていなかったし、共通の体験がなかった。それぞれが独自の文化を持って孤立していた。

4．野外文化活動の共同体験

いかなる民族、いかなる社会も後継者たる青少年の心身を培い、素養を育むために最大の努力を払っている。しかし、戦後の日本においては、知識教育と能力主義に徹し、後継者づくりに必要な素養をなおざりがちにしていた。

これまでに、日本人の素養を育む野外文化活動として、各地で続けられてきた素朴な活動は今もまだ少々残っている。

例えば、祭礼行事の和船競漕、綱引き、力比べ、草相撲、みこしかつぎ、盆踊り、どんど焼き、凧上げ、鬼ごっこ等や、山登り、木登り、竹馬、走り、歩き、石投げ、石けり、羽根つき、毬つき、合戦、遠泳、草遊び、水遊び、そして。山菜採り、潮干狩り等である。これらは主に、青少年時代の基礎体力づくりと、情緒や故郷を育み、情操を培うための通過儀礼的な行事であった。日本人たる由縁は、これらを通じて育まれた共通の知性と道徳心によるものだった。

野外文化活動は、学問としての分野がまだ確立されていないが、野外文化の子どもへの伝承のあり方を教育人類学的な観点から考察すると、次のように大別することができる。

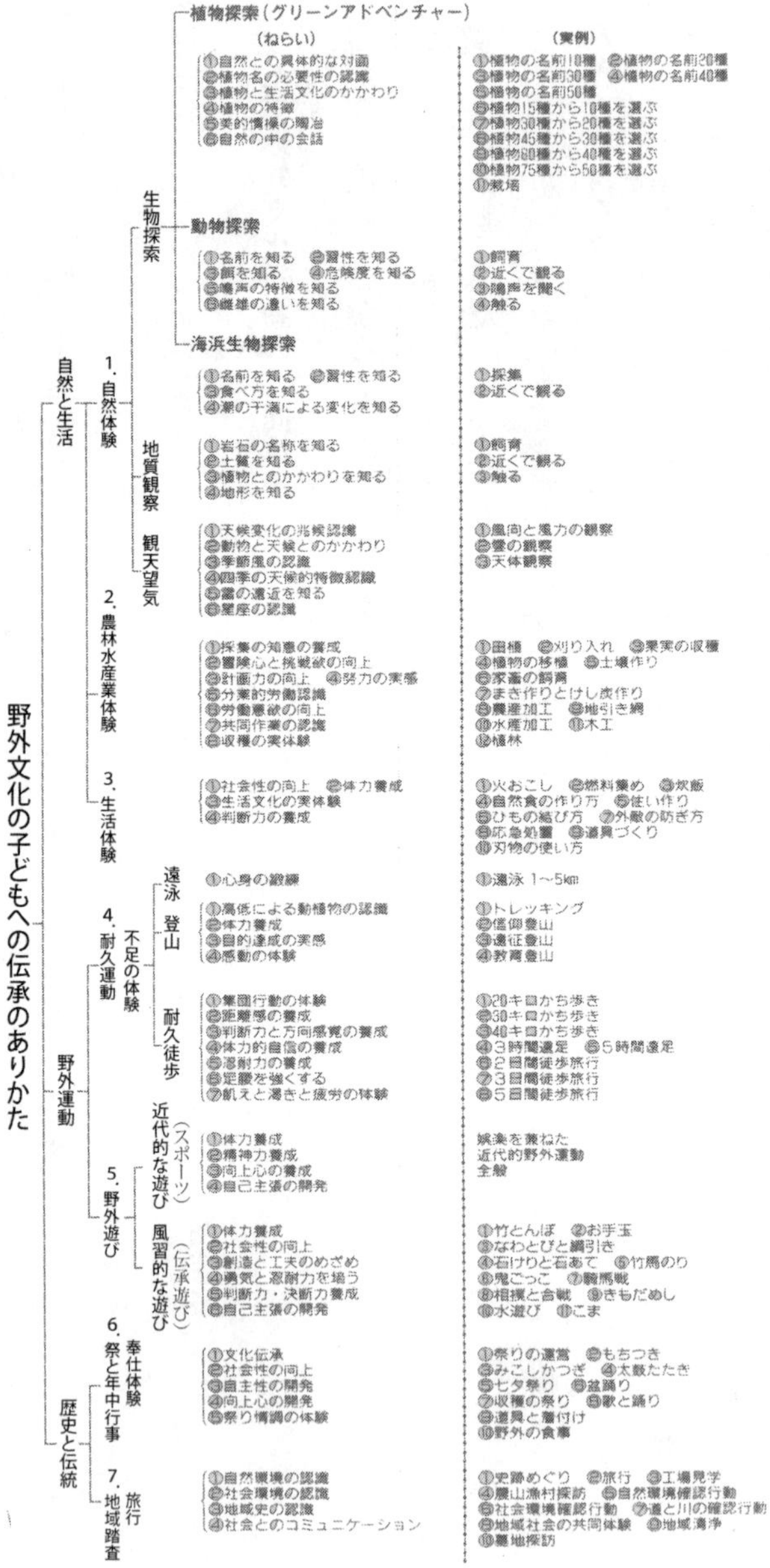
野外文化の子どもへの伝承のありかた
自然と生活
1. 自然体験
生物探索
植物探索（グリーンアドベンチャー）
（ねらい）
①自然との具体的な対面
②植物名の必要性の認識
③植物と生活文化のかかわり
④植物の特徴
⑤美的情操の陶冶
⑥自然の中の会話
（実例）
①植物の名前10種　②植物の名前20種
③植物の名前30種　④植物の名前40種
⑤植物の名前50種
⑥植物15種から10種を選ぶ
⑦植物30種から20種を選ぶ
⑧植物45種から30種を選ぶ
⑨植物60種から40種を選ぶ
⑩植物75種から50種を選ぶ
⑪栽培
動物探索
①名前を知る　②習性を知る
③餌を知る　④危険度を知る
⑤鳴声の特徴を知る
⑥雌雄の違いを知る
①飼育
②近くで観る
③鳴声を聞く
④触る
海浜生物探索
①名前を知る　②習性を知る
③食べ方を知る
④潮の干満による変化を知る
①採集
②近くで観る
地質観察
①岩石の名称を知る
②土質を知る
③植物とのかかわりを知る
④地形を知る
①飼育
②近くで観る
③触る
観天望気
①天候変化の兆候認識
②動物と天候とのかかわり
③季節風の認識
④四季の天候的特徴認識
⑤嵐の遠近を知る
⑥星座の認識
①風向と風力の観察
②雲の観察
③天体観察
2. 農林水産業体験
①採集の知恵の養成
②冒険心と挑戦欲の向上
③計画力の向上　④努力の実感
⑤分業的労働認識
⑥労働意欲の向上
⑦共同作業の認識
⑧収穫の実体験
①田植　②刈り入れ　③果実の収穫
④植物の移植　⑤土壌作り
⑥家畜の飼育
⑦まき作りとけし炭作り
⑧農産加工　⑨地引き網
⑩水産加工　⑪木工
⑫植林
3. 生活体験
①社会性の向上　②体力養成
③生活文化の実体験
④判断力の養成
①火おこし　②燃料集め　③炊飯
④自然食の作り方　⑤住い作り
⑥ひもの結び方　⑦外敵の防ぎ方
⑧応急処置　⑨道具づくり
⑩刃物の使い方
野外運動
4. 耐久運動
不足の体験
遠泳
①心身の鍛錬
①遠泳 1〜5km
登山
①高低による動植物の認識
②体力養成
③目的達成の実感
④感動の体験
①トレッキング
②信仰登山
③遠征登山
④教育登山
耐久徒歩
①集団行動の体験
②距離感の養成
③判断力と方向感覚の養成
④体力的自信の養成
⑤忍耐力の養成
⑥足腰を強くする
⑦飢えと渇きと疲労の体験
①20キロかち歩き
②30キロかち歩き
③40キロかち歩き
④3時間遠足　⑤5時間遠足
⑥2日間徒歩旅行
⑦3日間徒歩旅行
⑧5日間徒歩旅行
5. 野外遊び
近代的な遊び（スポーツ）
①体力養成
②精神力養成
③向上心の養成
④自己主張の開発
娯楽を兼ねた
近代的野外運動
全般
風習的な遊び（伝承遊び）
①体力養成
②社会性の向上
③創造と工夫のめざめ
④勇気と忍耐力を培う
⑤判断力・決断力養成
⑥自己主張の開発
①竹とんぼ　②お手玉
③なわとびと綱引き
④石けりと石あて　⑤竹馬のり
⑥鬼ごっこ　⑦騎馬戦
⑧相撲と合戦　⑨きもだめし
⑩水遊び　⑪こま
歴史と伝統
6. 祭と年中行事
奉仕体験
①文化伝承
②社会性の向上
③自主性の開発
④向上心の開発
⑤祭り情調の体験
①祭りの運営　②もちつき
③みこしかつぎ　④太鼓たたき
⑤七夕祭り　⑥盆踊り
⑦収穫の祭り　⑧歌と踊り
⑨道具と着付け
⑩野外の食事
7. 地域踏査
旅行
①自然環境の認識
②社会環境の認識
③地域史の認識
④社会とのコミュニケーション
①史跡めぐり　②旅行　③工場見学
④農山漁村探訪　⑤自然環境確認行動
⑥社会環境確認行動　⑦道と川の確認行動
⑧地域社会の共同体験　⑨地域清浄
⑩墓地探訪

これらは、いかなる民族にも共通する普遍的な素養を育む野外文化活動であるが、未だ組織的な研究や調査が十分ではない。

野外文化活動は、スポーツ的な要素、娯楽的な要素、情操的な要素を含み、青少年の社会性、人間性を培い、知的欲望と体力養成を同時に満たすもので、青少年の健全育成にとって極めて重要なことである。

より良い社会人に必要な基本的能力は、発達段階に応じて培われるべきものであるが、その習得には、幼少年時代の素朴な遊びほど重要なものはない。

(12) 子どもの遊びの形態と文化的特徴

1. 遊びは民族文化の原点

いつの時代も社会人は、より良い後継者を育む努力をしてきた。人類は有史以来このことを忘れなかったので、今日のような社会人になれたし、多くの民族にわかれもした。より良い社会人に必要な基本的能力は、発達段階に応じて培われるべきものであるが、その習得には、幼少年時代の素朴な遊びほど重要なものはない。

子どもは常に大人を真似ることによって遊びを発見し、工夫するので、民族の特性は、子どもの遊びによって伝承されがちなのである。だから遊びをしない子は、より良い後継者にはなり難い。

先のアジアスポーツ競技大会で日本選手の成績があまりよくなかった。その理由は、全力で闘う闘志に欠け、豊かさ、便利さの中で、万事に張りを失いつつあるからだと言われている。それらも理由のひとつだろうが、青年の多くは、幼少年時代、遊びに熱中することなく、大変冷めた目で多くのことを見ていたし、信頼できる社会の権威を持ってもいないので、社会人の共通性や名誉心、闘争心よりも、自分の納得する合理性を重んじるようになり、日本のためになどという社会的な気持ちが弱いことにもよるだろう。

子どもはいつの時代も、遊びを通して言葉や風習等の基層文化を習得し、社会意識や意欲の芽生えがあるのだが、今日の日本人は、この民族文化の原点の重要性を忘れがちである。

2. 遊び方の違い

人類の社会形態は、定住社会と不定住社会に類別でき、文化的には統一文化と複合文化に分けることができる。

日本は、定住社会で統一文化を持ち、単一民族に近い信頼社会を長く続けてきた。そのため、家が孤立することなく、街路から屋内が見え、庭がそのまま外に続く開放型である。しかし、大陸の諸国は、不定住社会が多く、複合文化と多民族の不信社会で、絶えない紛争や戦争のため家は壁に囲まれて孤立し、庭は家の中にあって閉鎖型で、街は要塞化している。

子どもの遊びは、こうした民族特有の社会的、文化的影響を受けやすく、遊び方も状況によって違っている。

日本の子どもの遊びは、昔からガキ大将を中心に集団的になされてきた。これは定住社会の年功序列の風習をそのまま真似たものである。ガキ大将は一種の世話役や調停役であり、指導者であって、集団での権威と権力をもっていた。だから、ガキ大将集団がいろいろな遊びをするので、個人の得意、不得意、好き嫌いにはこだわらなかった。個人はAという遊びができなくてもBができ、A、B、Cができなくてもできるという特異性をもちながら、いやな遊びでも一通りやらなければならなかった。だから遊びが多面的で、没我的のあいまいな集団型であった。

一方、日本以外の多民族、多文化社会では、遊び集団にガキ大将は必要ない。Aという遊びが好きな子はA、Bが好きな子はBに、子どもが自主的に好きな遊びに集うので、その遊びの技術が上手な者が強いのである。だからAを遊ぶ子はB、C、Dを知らないことか多い。とにかく、年功序列等なく、遊びの規則を守って勝てばいいので、勝負にこだわり、権威よりも権力的になりがちである。時には腕力がものをいうことさえあるが、遊びそのものは下克上で大変合理的だ。とにかく、遊びは単面的で、自己主張の強い闘争的な個人型である。

こうした子ども時代の遊びの本質が、社会人の文化的原点になっていることは今も変わりない。しかし、日本文化の特徴でもあったガキ大将集団の遊びはすでに衰退している。

3．日本文化の特徴

定住社会で集団型の遊びによって育った日本人は、世界のどの民族にもない文化的特徴をもっていた。それは年功序列という、時がくれば下の者が上になれるという忍耐と、信頼社会の口約束によるあいまいさである。

日本人は幼少年時代からガキ大将という世話役を中心にした集団遊びに慣れたので、集団の同一性と画一性を好む。だから個の存在を主張したり、個人的行動は不得意だったりする。しかし、集団行動は大変得意で、上下の一体感が強く、集団としての活力と多面性を十分に発揮する知恵があった。だから、個人ではなく集団の中の個の質を向上することによって全体をレベルアップする考えが強い。

地球上の多くの人々は、人が人を信頼でき、社会を信頼できることを理想としているのだが、多民族、多文化社会では大変困難なことで、同一性を確認する手段として絶対的な宗教がある。ところが、日本では人が人を直接に信頼することが普通で、人と人の間に宗教など必要としないし、裏切りや背信を最も嫌う。しかも、権力よりも権威を重んじ、人徳なる博愛的平和主義の心情を尊ぶ。

大陸の諸国は、多民族国家で、支配者と被支配者が民族的に異なる場合が多い。だから、時の権力者を異民族と見なして権力闘争を繰り返すことができるが、日本では支配者も同民族であり、下の者でも上になれる可能性があるので不満があっても時のくるのを待つ。明治維新以後の権力者の多くは、いずれも一般大衆の者が、長年努力して地位を得たものである。だから、中国や韓国などよりも上下の一体感が強い。

世界の多くの国々を比較してみるに、日本ほど人間讃歌の文化をもつ社会は他にないのではないだろうか。それは子どもの遊び方や青年期の確立された社会制度からもいえることであるが、果たしてこれが人類史の中で正しく評価されるのだろうか。

4．子どもから大人へ

素朴な遊びをする少年期の次の、準社会人ともいえる青年期が、日本ほどはっきり型をなしていた民族社会は少ない。一般的に一六から二五歳までが青年期だが、前半は少年期の子ども時代をひきずっており、遊びを芸術的にしたり、高度な技術を習得したりする。だから、遊びに関して、青年期は少年期の親玉的な存在なのである。

不定住社会、特に遊牧民社会には青年期がはっきりしていない。男女とも一二、三歳になると、大人と行動を共にして見習いを始める。そして一六、七歳で一人前になり、結婚することで社会から容認される。だから子どもとしての素朴な遊びは一二、三歳までで、その後は趣味としての遊びである。そのせいか、遊びが合理的で、技術面を重視し、かけごと的に勝負にこだわる。なんとなく遊びに余裕がない。これは、青年期を確立することのできない不安定な社会状態であったためで、余裕がない結果的現象だともいえる。

ところが、津々浦々にまで青年期が確立されていた日本は、各地に伝統文化が伝承された大衆文化と貴族文化の合体した、世界的には大変珍しい民族文化を形成している。

日本には古くから若衆宿、若者組なる青年集団があり、やがて青年団の名称に変わった。第二次世界大戦後は、アメリカ文化の影響で青年団組織が衰退し、青年期が不明になりがちであったが、昭和三五年頃から、『青年の家』が建設され、形式的にでも青年期の再確認がなされた。しかし、それは大衆に根ざしたものではなく、行政のポーズでしかなかったので、社会の後継者としての青年期がはっきりしなくなり、趣味を同じくする若者たちの集団と化してしまった。それは、子どもの遊びにゆとりがなくなり、手段とお金にこだわりが生じたことにも原因がある。

豊かで高等な文明社会になった日本は、すでに子どもの遊びが個人型になり、青年期が失われた。今あるのは、個人的な青年期でしかない。いや、すでに少年期すらなくなりかけ、社会の後継者としての基層文化の共有が困難になりつつある。

(13) われらは生きている

1. ヒトは弱く生まれる

人の子のヒトは、動物界の中で非常に弱い状態で生まれてくる。身を守るための力を何ももたず、言葉を話すことも二本足で立って歩くことも、食物をとって食べることもできない。

一〇月一〇日の月満ちて生まれてくる赤ん坊であるヒトの身体は、人の型をしているが、最も重要な脳が未熟の状態で僅か四百グラムでしかない。その脳は、生後六か月で二倍になり、七〜八歳で大人の九〇パーセントに達し、身体のどの部分よりも早く発達する。

他の動物の仔は、早いと数時間、遅くとも数年で、親とほぼ同じような状態になる。

ヒトは人になる可能性のある幼少時に、人に育てられないと、人になるための言葉や態度、習慣等が身につき難い。それは人であるための役目を果たす脳の発達初期に、人間らしく作用する基本(ハードウェア)がしっかりつくられないからである。

ヒトは昔も今も、そしてこれからも、人になる可能性をもって生まれた、非社会的、非文化的な動物的人間なので、人に守られ、人になるために訓練されるべきものである。

2．人は社会的に強く育つ

ヒトは、人に守られ、人を模倣し、いろいろな体験によって育ち、一〇歳前後までに脳の神経細胞が発達して、考えたり、創造したりする能力（ソフトウェア）が培われて、やっと社会的、文化的な人になる。

人とは、直立二足歩行ができ、家族という社会的単位をもって言葉を話す霊長類のことであるが、今日の日本では家族が崩壊しかけている。

人は、生きるための力が他の動物のようにＤＮＡ（遺伝子）に組み込まれておらず、生まれた後に、模倣と訓練によって他の動物にはない創意工夫する能力を培い、一五歳頃までに言葉や技術・態度や価値観等の文化を身につけて、社会人として一人前になり得る。

人は、体験的学習を通して社会を営む知恵を身につけることによって、他のいかなる動物よりも心身ともに強い状態の社会人に育つ。

3．われらが共有する文化

人は肉体と精神によって生かされている。肉体を生命とすると、生命あっての精神であるので、生きるに値すると思うことは、精神によって規定される。

その人は、集団と個が対立するのではなく、いかなる個も集団的規定をなくしては存在し得ない。ということは精神によって認知される文化を共有することである。

人の文化的集団を〝社会〟と呼ぶが、社会とは、共通性のある個人が信頼によって、または規約の下に集い合っている状態のことである。

ここでの〝文化〟とは、その社会で培われ、社会の人々に共有され、伝承される、生活様式、すなわち生きるに値すると感じられる〝生活文化〟のことである。この文化は、いたるところで人の生活を規制し、社会的圧力をかけているが、集団の永続と結束を図るようにできており、秩序ある生活と個人の精神・気持ちを満たすものである。そのため、この文化を共有しないと社会は崩壊しがちになる。

社会を文化的にまとめた集団を〝民族〟と呼ぶが、民族とは共通の生活様式を持ち、同一集団に帰属意識（アイデンティティー）を強く持つ人々のことである。ここでいう生活様式とは、その土地になじんだ衣食住の仕方、あり方、言語、風習、価値観、道具、家屋等の生活文化のことである。

私たちが日常生活でそれほど意識しないでなす、いろいろな生活習慣は、先祖代々の長い間にわたって自然環境に順応する知恵として培われた伝統文化で、われら社会人にとって共有することの必要な、生きるに値すると思われる生活文化なのである。

4．歴史的社会に生きる

人は弱く生まれ、強く育ち、やがて死ぬ。しかし、何世代、何十世代と繰り返し、これからもずっと同じように繰り返すことを信じて、歴史的社会の人として生きている。

その世代世代に、地位や名誉や利益を得ようと努力、工夫することや、喧嘩やテロや戦争をすることも、歴史的社会に生きていることの証明でしかない。しかし、一万数千年の文化的歴史を持つ人類が、少しも変わっていないことの証明ではない。人はいつの時代にも文化を培い、よりよく改善する努力と工夫を重ねてきた。

われらは生き活きてここにある。人として生きているということは、社会に拘束されていることだ。ということは、人は一人では決して生きられないので、社会を信じるしか生きる道はない。人が社会的に生きるとは、模倣と訓練によって生きるに値すると思われる文化を習得し、己を強くして心を開き、社会を信頼することだ。それは誰かの側にいると安心、幸福、満足な気持ちになれることでもある。

信頼できる人々のいる社会に所属する意識を持つことこそ、われらが生きている確かな証明である。

Ⅲ・科学的文明社会への対応

1　科学的文明時代

(1) ボーダレス社会の文化

1．これからの文化

この地球は、文明の発展と共にますます国境、境のないボーダレスな世界になるだろう。そして、個の確立が要求され、共通性の少ない不安定、不確実な社会になるに違いない。中でも日本は、最も早くそうなるだろう。

日本は今世紀に入るまで他民族に侵略され、支配された経験がなく、周囲が海のせいもあって、国境とか民族性を日常的に意識する必要がなかった。そのことが、今日の国際的経済活動の手段としてのボーダレス化現象に同調しやすくしているのだが、日常の生活感覚ではまだ理解されてはいない。しかし、経済活動中心的なボーダレス社会になり得る可能性は日本が最も高い。

そのボーダレス化する国際社会にとって最も大事なことは、社会人の基本的能力である生き方や考え方の〝文化〟を、より多くの人が習得することである。

文化には、基層文化と表層文化と呼ばれる二種がある。基層文化とは、自然環境に順応して社会生活を営むために必要な、衣食住や安全、衛生等の観念や言葉、風習、そして心身の鍛錬等である。表層文化とは個人の感性によって培われ、流動的で生活に潤いをもたらすものとされており、美術、工芸、文学、音楽、芸能等である。

しかし、ここでいう文化とは、主に基層文化のことである。そして、それを共有していないとボーダレス社会においては、一層個の存在が認められ難い。

その基層文化とかかわりの深い、自然環境が強く認識されるであろう一九九〇年代のテーマは、「地球に優しく」であるが、これは地球と共に生きている、地球に生かされているという立場での優しさでなくてはならない。この場合の地球は自然のことであり、人間中心的な立場で解釈したり、挑戦したり、征服したりするための優しさであってはならない。

ここでの文化とは、自然環境による人間の生き方、価値観、生活態度等のことである。客観的にいえば自然と共にどう生きるか、どう考えるか、そのあり方が人類共通の文化なのである。それは、これからの高度な文明的社会においては大きな力を持つようになる。しかし、自然を科学的に知ることは技術や学問のためには大事なことであるが、生きるためにはそれほど重要なことではない。

2. 自然は普遍的真理

人間は物や金銭だけでは決して満たすことのできない心の世界を持っている。幸福、満足、安心感等やゆとりを感じる心を満たすのは、自然そのものなのである。これまでは、宗教や思想などと呼ばれる概念によって心が支えられ、満たされると考えられがちであった。しかし、宗教観念は膠着化しやすく、発展や変化を阻害し、権力と結びついて壁や境をつくり、いろいろな弊害を生じさせてきた。主義思想や宗教等の概念を信じて主張すれば争いのもとになりやすい。なぜなら、概念は、ある社会状況の中で、個人または集団がつくりだす一時的な部分的真理でしかないからだ。人間にとっての普遍的な絶対的真理とは自然そのものなので、これからは自然と共に生きる生活態度が大切になってくる。

地球には様々な自然環境があり、それぞれに順応して生きる人間の考え方、生き方がある。しかし、自然環境に順応して生きる人間のあり方の理念は共通する。自然の一部でしかない人間が、自然に生かされており、自然と共にあるのは絶対的真理である。それを意図的な概念の世界に押し込んでしまうのではなく、ありのまま認めることこそ大事なのだ。

3．基本的能力の発達を

その自然と共に生きるに必要な文化を〝野外文化〟と呼んでいるのだが、これからは、その体系的研究と、実践や啓発活動がますます重要になってくる。これまでは、その認識が不足しがちであったが、科学的文明社会に応用された東洋の倫理感による〝ファジー論〟によって、やっと世界的に評価されるようになった。

日本は、東洋的な自然観による野外文化を習得した人々の努力と工夫によって、一九七〇年代には「世界の工場」と呼ばれるほど工業化が進み、八〇年代になると国際的経済活動の中心国となり、「世界の金庫」と呼ばれるほど豊かになって国際社会へ参入した。

九〇年代の日本のあり方は、自然と共に生きる文化的な生き方・価値観を伝えていく役目を果たすことである。そのためには、より多くの青少年が、野外文化の習得活動をして、自然と共に生きる基本的能力を十分に発達させることである。日本の六〇パーセントの人々が野外文化を身につければ、いかなる社会になっても安定と繁栄と継続が図られる。これからの日本は、自然と共に生きる文化的情報の発信地となることが望まれている。

（2）科学的文明社会と義務教育

1．人類未経験の豊かな社会

第二次世界大戦の戦後七〇周年目を迎えた人類は、これまでに経験したことのない、科学技術の発展した、豊かな時代を迎えている。特に日本は、大東亜（太平洋・東アジア）戦争を仕掛けて、多大な犠牲を払い、払わせてきたが、今では世界で最も発展した、平和な国になっている。

戦争とは、虐殺・略奪・強姦等の集団的殺戮行為なので、良いとか正しいとか清い等の戦争はひとつもない。戦争そのものが害悪なのだが、残念なことに、人類はその戦争によって物事の開発や発展のきっかけとなし、社会を改革・改善してきた。

日本は、社会が統合されていたので、戦後の復興が世界の人々が驚くほど早かった。それは、アメリカの援助があったこともあるが、何より、明治時代からの教育振興や殖産興業、富国強兵政策等によって、社会の基盤が確立されていたからでもあった。

人類史上においては、何が正しくて何が悪いかはなかなか確認できないが、今日の日本ほど平和で、安定した豊かな文明国は他にない。

2．科学的文明社会への対応

電車の中でも街頭でもスマホを手にする人が多く、家庭や会社・学校でもパソコンを使い、子どもはゲーム機器で遊び、単独思考や行動をしがちな生活をしている。

このような社会現象は、何も日本だけではなく、世界中に起こっていることで、今や人類は科学技術のとりこになって、利己的で利那的になっている。

人類が発明した科学技術の製品は、便利で都合がよく、楽しくて時間と空間を越えるが、それらを維持するためにエネルギーと経費が嵩み、その補給に追われて、落ち着きのない生活になりがちである。

アフリカにあるタンザニアのマコンディ族に、「悪魔は相手の足だと思い、自分の足を喰っていることに気づかない」という言葉があり、その彫刻もある。

人類は、便利さや快楽・豊かさを求めて科学的文明社会に埋没し、知らず知らずに自分をなぶり、いためつけているようだ。

子どもは、そのことに気づかずに夢中になりがちだが、大人は、科学的文明社会への対応を考えて、人間らしさを失わせないようにする義務と社会的責任がある。

3．社会的な新しい教育観

政府は、「多様な教育機会確保法案」を、議員立法に向けて提案しようとしているが、これは、学校における義務教育を受けなくてもよいことの公認になる。

今日の若い親は、社会的には大人になりきれていない人が多く、その子どもは、利己的に育ち自分勝手で、自閉的になったり、登校拒否やいじめに陥りやすく、簡単に人を殺したり自死するようになっている。

日本は、千年以上も国体が変わらず、統合された利他的信頼社会である。極言すれば、人類の理想により近い社会で、多くの国の人々か来訪して、安心・安全を感じている。

その日本が、利己的不信社会のアメリカのように、多様な教育機会を確保して、社会人準備教育でもある学校教育を受けなくてもよいとすれば、それこそ憲法に規定されている義務教育を、ないがしろにすることになる。

これからの科学的文明社会は、人間をますます孤立化し、非社会化しがちなので、新しい教育観として、義務教育における社会化が必要である。

4．これからの義務教育の役目

人類は、これからも科学的文明社会を一層追求し、発展させるだろう。しかし、それは、私たちが安心・安全に生活かできるようにするためにである。とすると、これからの義務教育は、学力向上の知識・技能教育だけではなく、私たちの安心・安全と、社会が安定・継続するための人間教育が必要不可欠となる。

私たち人間は社会的動物であるので、他と共に生きる人間性や社会性を身につけることが必須条件でもある。それには次のような体験が必要だ。

泣かした・泣かされた、いじめた・いじめられた、笑った・笑われた、会った・別れた、楽しんだ・苦しんだ、思った・思われた……。これらは二人以上の集団によって起こる社会的な心理現象である。このようなことを幼少年時代に、家庭や地域社会、そして学校等で体験することがなければ、より良い社会人になれないし、利己的で孤立化しやすくなる。

人間は、幼少年期に群れ遊び等の集団活動によって社会化が促された後に、学習によって個人化が促されることは、古代も現代も同じなので、これからの科学的文明社会に対応する義務教育としての学校は、子どもたちを社会化する、社会人準備教育としての集団活動の機会と場をつくることが、一層重要になっている。

（3）ＩＴ・ＡＩ時代に対応する少年教育

1．ＩＴ・ＡＩによる不信社会

これまでの人類は、あらゆる災害に対応し、よりよく長く生きるために、いろいろな工夫・改善をなして、今日の豊かな科学的文明社会をつくり上げてきた。

今回のコロナウィルスの感染拡大によって、一層科学的技術を発展させ、ＩＴ・ＡＩ等によって、オンライン化やテレワーク等が、ますます進化、発展し、合理的で効率良く目的を達せられる発展的社会が到来するだろう。

しかし、経済的活動を中心に考えると、明るい未来像だが、社会生活の点からすると、人間を孤立化させる危険性があり、オンライン学習やテレワーク等は、人間疎外になりがちで不信社会になる。ＳＮＳ等は、個人的には便利なのだが、社会生活的には不都合が生じ、利己的な人が多くなる。

今だけ、金だけ、自分だけを中心に考えがちな人が多くなる利己的な不信社会は、心理的には不安定で、不安・不満・不信が募って、日常生活における、社会的適応が困難になる。

2．安全・安心に必要な道徳心

人間は、安全・安心が守られるならば、利己的に生きるのが理想であるが、現実的に社会生活を営む人間は、個人的には守り切れないことが多く、不安がつきまとう。日常的な社会生活の安全・安心は、心理的な面が多く、金やモノ、地位や権力だけでは保障されない。

人間の安全・安心に最も必要なことは、他との生活文化の共有である。言葉・風習・道徳心・生活力等の生活文化を共有することが、より良く生きる知恵や力であり、方法である。

社会生活における安全・安心に必要な生活文化の中でも、民族、主義、思想、宗教を越えて最も重要なのが道徳心である。

ここでの道徳心とは、社会的義務、責任、競争と、個人的自由、平等、権利を、より良く平等に使い分けられる、社会人としての心得のことである。

私たちは、お互いに社会での生き方、あり方、考え方、感じ方等に関する暗黙の了解事項としての心得をいくつもつくり上げ、ごく普通に生活している。その暗黙の了解事項である道徳心こそ、人類に共通する社会人としての基本的能力である。

そのごく当たり前の道徳心を共有することが、これからの安全・安心な社会生活や国際化への重要な道しるべになる。

3. これからの日本国と国民

我々日本人は、日本国に住んでいる、日本国民である。日本国民とは、日本の領土に住む日本人の社会集団のことであり、国家権力とは、国家の意思を国民に強制する力のこととされているが、不信社会になると、国民統合が困難になる。

日本国民には、民族的日本人と社会的日本人がいる。民族的日本人とは、古来日本国に住んで、国籍を持ち、社会的義務と責任を果たしている人であり、社会的日本人とは、新しく日本に移住し、帰化して日本国籍を持ち、社会的義務と責任を果たしている人のことである。しかし、四世代以後は、同化した民族的日本人として認知される。いずれにしても、日本人とは地域社会の生活文化を身につけた人のことである。ここで言う民族とは、言葉・風習・価値観（道徳心）等の生活文化の内容を、三つ以上共有する人の集団であるが、国が衰退すれば国民の安全・安心はない。

政治とは、国家に必要な立法、司法、行政の諸機関を通じて国民の生活を指導したり、取り締まったりすることで、政治の大きな役目は、国民を統合して安全を守ること。その手段として少年期の義務教育がある。教育とは、より良い生活と、生活手段としての仕事（労働）の仕方を教え伝えることである。これからの政治にとって最も大事なことは、教育による国民統合である。

日本国が憲法で規定している〝義務教育〟の国家目的は、より良い国民を育成し、生活文化を共有して日常生活をより安全・安心に暮らせるように統合することだ。

4．少年期の社会人準備教育

私たちの神経の発達は、心の発達と大きくかかわっているのだが、神経は五歳頃から発達が活発になり、平均すると九歳がピークで、一四、五歳にはほぼ終わるとされている。そこで、ここでの少年期とは、小学一年生の六歳から、中学三年生の一五歳頃までのことである。

一般的に青少年教育と呼ばれる社会人準備教育は、社会のより良い後継者を育成する公的側面からすると、六〜一五歳の少年期における人間教育が最も効果的であり、重要なので、ここでは少年教育とする。

これからのオンライン学習やテレワークは、人間を孤立させ、人間疎外になりがちなので、少年期に、社会生活に必要な生活文化を身につけさせておくことが大切なのである。

私たち日本人が日常生活に必要な情報としての生活文化とは、その土地になじんだ衣食住の仕方、あり方、風習、言葉、道徳心、考え方等の生活様式としての伝統文化であり、社会遺産である。

古代からの地域社会における後継者育成としての社会人準備教育は、異年齢集団によって地域の生活文化を見習い、伝えることであった。しかし、戦後のアメリカ支配の文化革命による、伝統文化否定の風習によって、知識偏重教育で、生活文化を知らない人が多くなり、利己的で、引きこもりやノイローゼになる人が多くなっている。

利己的で自由・平等・権利を主張する社会は、安全・安心な日常生活を三世代以上継続させることは困難だし、利他的な義務、責任、競争を中心とする社会は発展性が弱いことを承知し、これからのＩＴ・ＡＩ時代に、安全・安心でしかも発展的社会を営むためには、生活文化としての道徳心を高める、少年期の社会人準備教育に勝る政策はない。

(4) 生涯学習社会の精神的貴族

1．第一〇回無人島生活体験

豊後水道の御五神島で、昭和六〇年の夏から毎年開催されてきた最終回の無人島生活体験は、小中高校生と大人のスタッフなど総勢一二五名で、七月二五日から八月三日まで、九泊一〇日の間、大自然のもとに開催された。電気、ガス、水道、自転車もない、非文明地で、強い日差しのもと、各自が生きるために日々の生活をした。自分の安全と意欲を保ちながら、集団生活をするのは楽なことではない。文明的な社会では想像できない苦労と努力と工夫が必要だ。私たちにとって、自然と共に生きることが、いかに大変なことであるか、否応ない事実を具体的に見せつけられる日々であった。

参加者にとっては決して楽しいことばかりではなかったが、彼らは、自然に順応しながら確実に生きる知恵を習得し、自然児へと野性化していった。

2．自然とともに

波の音、風の音、鳥のさえずり、虫の音、草木の緑、暑さ、涼しさ、そして雨や霧等、あらゆる自然現象の中に身をおくと、人間もその一部でしかない事実に気づかされる。

自然は、私たちの意識とかかわりなく存在する。しかし、私たちは自然の恵みなしに存在することはできない。つまり、私たちは自然に生かされているのである。無人島生活体験を一〇年間やり終えて分かったことは、自然と対立するのではなく、うまく利用して生きることの重要性であった。

無人島では、小学五年生から高校生までの多くの青少年が赤褐色に日焼けしながら、理屈抜きに自然とともに生きることを体験した。彼らは、今、そのことをそれほど重要に感じてはいないだろう。しかし、この体験は自然を具体的に知る知恵となって、これから歳月が流れるに従って大きな力を発揮し、人生の自信の核のひとつとなって、その価値を高めるだろう。

3. 生涯学習社会と保障

「自然を愛しましょう」「植物を大切にしましょう」「自然との共生を考えましょう」などと標語的にいくら叫んでも、人の心を変えるほど効果は上がらない。そんなキャンペーンに時間とお金をかけるよりも、一週間から一〇日間の無人島生活体験を一回した方が、はるかに効果的である。

私たちにとって重要なことは、まず第一に生活の保障である。私たちは、安全に、快活に、しかも豊かに生活するために働き、努力し、苦労をしている。自然は私たちの生活の保障にとって、最も大切なものである。

これからの生涯学習社会は、あくまでも完全保障社会を目指しての努力である。しかし、物や金が豊かになって、物質的な保障はできても、精神的な保障、心の保障がなければ、完全保障社会ではない。物質的な保障は他人でもしてくれるが、心の保障は他人がどうこうしてくれるものではなく、自らが培っていくしかない。それは、幼少年時代から自然とのかかわりを持つことが一番よい方法なのである。

4. 精神的貴族の養成

これまでは、宗教や思想などと呼ばれる観念によって心が支えられ、満たされると考えられがちであったが、その原点すら自然観によるものである。主義、思想や宗教などの観念を信じて主張すれば争いのもとになりやすい。なぜなら、観念は、ある社会状況の中で個人または集団がつくりだす一時的、かつ部分的真理でしかないからだ。

私たちにとって、自然は万民共通の普遍的真理である。人によって向き、不向きなどない。高度な文明社会になればなるほど、自然、特に生活と最もかかわりの深い植物について知ることは、心の安らぎ、生きる喜びになり、困難に遭遇した時に心の拠り所となり、いかなる社会でも生きていける励ましになる。何より、精神的ストレス解消の最高の知恵となる。例えば、人生をともに歩むことのできる沈黙の仲間の樹木は、私たちを裏切ることなく、常に心の安らぎと支えとなる存在である。

社会の貴族とは、自然を愛でる余裕と教養を身につけた人である。心のゆとりと豊かさこそ、いつの時代にも本当の精神的貴族の必要条件なのだ。自然を身近に感じ、楽しめる心を培うことこそ精神的保障なのである。

一〇年間開催してきた〝無人島生活体験〟は、生涯学習社会の原点である精神的貴族の養成を、具体的に実践する方法のひとつとして遂行してきたのである。

（5）われら素晴らしき人間

人間はこの地球上で、外部環境に最も適応してうまく生きてゆくための技術的専門家であり、発明と発見の天才である。

1．進歩のための工夫

動物の中で人間だけが外部環境に適応したり、自然を克服したりするために考え、工夫し、自分たちの体験を子孫に伝えたり、お互いに意志を伝える複雑な方法を発明したり、自然を利用する物を発明発見してきた。

人間は毛皮や樹皮を身につけて生活していたのが、いつの間にか木綿を、絹を、そして化学繊維を身につけるようになった。石で獲物を叩き殺していたのが、いつの間にか槍や弓、鉄砲に変わり、ついに人間同志が殺し合うために核兵器まで発明した。ほら穴に住んでいたのが土や石や木を利用して地上に家を建てるようになり、いつの間にかセメントを発見して、地上五〇階も百階もある鉄筋コンクリートの高層ビルを建てて生活するようになった。火だって、初めは使い方も知らなかったのに、誰かの工夫と研究と努力によって、物と物との摩擦熱から発火させることを知った。

やがて石油が発見され、石炭が発見され、木炭製法が発見され、練炭ができ、マッチやガスが発明され、電気が発明され、ついに核エネルギーなるものも発明された。止まることを知らない発明と発見は、人間にますます複雑な文明と文化を身につけさせてしまった。

2．環境に適応するための教育

他の動物であるチンパンジーやゴリラも工夫や発見をする。しかし、それはせいぜい棒を使用したり石を投げたり、小物を使用して水を飲んだり虫を取って食う程度で、あまり発展しない。ところが人間だけは、一度発明発見するとそれを記述する方法や伝達する方法を発明したために、一〇〇〇年も二〇〇〇年も前に発明・発見されたことや経験されたことが子々孫々にいたるまで伝えられ、僅か一〇歳にしてそれらの多くを知る驚くべき学習方法を身につけている。そのため、ひとたび学習する能力のできた人間は、その時から単に生きるという動物的行為から、うまく生きるために外部環境に適応してゆく技術を恐ろしい速さで身につけてゆく。人間は自分の子どもに、自分と同じ風俗習慣や言葉を教える。自分が祖先から習った全てのことを子どもに伝え、自分の知らないことをもっと知ってもらいたいために、学校という専門的な教育機関に子どもを送りこむ。

より高度な教育機関が必要になったのは、人間が古代から発明や発見したものを子孫に残し伝えたため、後世の、今日の社会が五〇〇年または一〇〇〇年前とは恐ろしく異なってしまい、単に親だけの知識で子どもに物事を教える程度では、複雑化した文明的社会の外部環境に適応する能力に欠けるためである。

3. 言葉と文字の効用

人間は文化、文明をたくさん創造したが、人間そのものの本質は二〇〇〇年前と少しも変化していない。ただ文明的外部環境が異なっているにすぎない。そのため複雑な外部環境に適応してゆくのが困難になり、かえって人間らしさを失って、本来のうまく生きてゆく姿だけでは生きられなくなり、もう一段上の、よく生きようとする精神的な世界の満足感と喜びを得なければならなくなった。その結果、希望や悩みや不満やねたみや競争心等、他の動物の域からはみだし、人間だけが持つようになった文化を背負うようになってしまった。

ゴリラやチンパンジーにはほとんど見受けられないような残虐な人間悪は、長い歴史の中で人間がより多くのことを、子孫に言葉や文字で伝えてしまったからかもしれない。その人間の祖先たちの巨大な歴史を背負って、人間の子どもは人間としての学習を始めなければならない。

もし、人間の子どもをアフリカの中央部にあるビソケ山中でゴリラが育てたら、その子どもはこんな巨大で高等な文化文明を築き上げた人間の歴史を何ひとつ背負うことなく、何万何千年も昔の人間に還ることができる。しかし、我々人間は、人間の社会で生活する限り、もう古代に還ることはできない。いかなる外部環境になろうとも諸々の先人の業を背負い、自分なりに努力と工夫をして生きてゆかなければならない宿命にある。

4. 昭和五〇年の提言

人間は自分の一生の間、何万年もかけて進歩してきた人類の縮図を背負って生きているようなもので、自分も再び人類の進歩の一段階となるしかない。もしその人間の業に負けてしまって無気力になれば、一生悩みと悲しみを胸に抱いて文明に翻弄されながら生きてゆくしかないだろう。

われら人間は、少々のことではへこたれないし、絶えず外部環境に適応してゆくための発明と発見の天才ではないか。本当にやる気になってみんなの知恵と力を集めれば、今日の諸々の状況などたいして苦にすることはない。人間万事塞翁が馬である。昭和五〇年、われら素晴らしき人間の努力と発明と発見に期待しよう。

（6）戦後一世の本質

ここでは昭和一〇年から二一年頃までに小学校へ入学した人を戦中派とすると、昭和二二年から三〇年までに入学した人を戦後一世とし、昭和三九年までに入学した人を戦後二世とする。この後に戦後はない。

1．記憶の原点

私は、高知県幡多郡小筑紫町田ノ浦という、豊後水道に面した宿毛湾沿いの農家の次男として、昭和一五年六月一二日に生まれ、比較的豊かで、戦後の食糧難を知らずに育った。

その私が、まじめなことを書くと、不まじめに思われ、男だものなどと気張ると、やっぱり駄目な奴だといわれてしまう。だから、気張ることなく書くのだが、どうしても隠せないことがある。

それは、私が自然に恵まれた田舎育ちで日本の文化的重荷をすでに背負ってしまったことである。こればっかりは隠せないし、茶化すとかえってみじめになってしまう。だから私の時代性という歴史観は、いつも私につきまとうので、ありのままを記すしか方法がないと諦めている。

私の記憶の始まりというのは、大変大きな戦争が終わった昭和二〇年八月前後なのである。そして、昭和二二年四月、教育の場といわれる小学校に、戦後のどさくさの中で、桜のいっぱい咲いた晴れた日、敗戦の意味も知らずに胸を張って校門を潜った。そして、学校という面白い所へ通い、見たこともない写真や絵を見たり、聞いたりしたこともない物語やいろいろな話を聞いた。

私は、自分が見たり聞いたりしたことを、大人たちはみんな知っているものだと思っていたら、大人たちも、私が物事を知る驚きや喜びと同じように驚いたり、喜んだりしていたというのだから、社会的責任については私にも大人たちにも罪はない。

2. 目に見える物だけが真実

昭和二〇年八月を期して、日本人の価値観や思考形態がすっかり変わってしまったという。そんなことを知らない私たち、戦後最初に小学校へ入学した戦後一世に、知恵や知識など諸々を教えてくれた先輩たちが、私たちと一緒になって学んだのだから、教育の内容について誰を責めようにも責めるわけにいかない。それどころか、私たちは、なんでもかんでも目に見えるものは百パーセント信じ込んでしまったが、先輩たちは、なんでもかんでもはすに眺め、不安に暮れていたというから可愛そうだ。自信をなくした周囲の人々は、私たちの成長を期待し、戦後民主主義教育を受けた私たちの言動に感銘したり、驚いたり、喜んだり、怒ったり、あきれたりしながらも、自分たちの習慣や知恵を教えようとはしないで、傍観し続けた。

私たちは、見るもの聞くこと、理想も現実も、過去も未来も、すべてごっちゃまぜに信じて考え、行動した。そして、戦後のめちゃくちゃな社会を頭から信じて、日本で最初に理想的な民主主義社会の住人になるよう育った。

だから、私たちが間違っていようが、正しかろうが、怒っていようが、悲しんでいようが、悔やんでいようが、戦後の民主主義教育を受けた理想的な日本人像は私たちなのだから、私たち自身でその自覚と責任と義務を認識する以外、比較のしようがないし、誰に文句のつけようもない。

3．過去のなかった戦後一世

私たち、戦後最初に新しい民主教育の小学校に入学した日本人が、天才であろうが秀才であろうが、愚才であろうが全身で戦後の民主主義日本の理想を学び、不思議な社会現象を体験してきた。

今ふりかえって考えるに、十分な知識も知恵もない、判断力の乏しい私たちに、先輩たちはいつも、好きなようにせよ、自由にせよ、一番良いと思ったことをせよと言ってくれた。

私たちは、時には迷い、時には泣き、時には叫び、時には怒り、時には大笑いしながら、失敗と成功を繰り返し、理想的民主主義日本の最初の理想的住民になるよう育ったのである。それを忘れまい。それを悔やむまい。それを怒るまい。何より、それを知恵としてこれから生きてゆくしかないのだ。

私は、昭和二〇年以前の日本の過去を無視して、理想と未来ばかりを暗中模索しながら成長した自分の過去を無視することはできない。

昭和二〇年代に小学校に入学した戦後一世の中には、すでに三〇歳を越えて、人生の甘さつらさや、社会の裏表を知り、戦後の理想的民主主義教育を受けた自分たちの人間性や社会性の良さ、悪さを十分に認識された人もいるだろう。そして、多くの人がすでに人の子の親になっているだろう。そこで私たちが子どもに向かって言えることは、暗中模索でやってきた体験としての過去である。私たちの過去とは民主主義日本の未来への力であり、洞察力なのだ。

4．ナイーブなロマンチスト

私たち戦後一世の間では、真面目なことをまじめに記すと、面白くないとか、気負っているとか、一人よがりだとか、批評が洪水のように押し寄せる。だから、差し障りのないことを、面白おかしく記すのが普通になっている。

私たちは、周囲の声や目には非常に敏感な人間に育っている。一見粗野だが、価値感の基準がはっきりしないので、神経質でナイーブな一面を身につけている。だから、体験的知恵を身につけることなく、活字や電波による間接的知識を崇拝するようにも育てられているし、思考の根底を培っているわけでもない。戦後一世は、すべて皆同じという「オール三」の理想的な感覚でスマートに育てられ、〝若い力を〟とおだてられて育ったこともあるが、なんでもかんでも見て考え、感激し、いつまでも青春と夢を求める旅人。それが私たちの本質なのに違いない。そしてまた、これからまだまだ見本のない民主主義日本の開拓と発展と充実を願って、自分たちの住んでいる社会で自信と責任を持ち、日常的な冒険と挑戦を試みようと努力するのが、私たちの姿でもある。

(7) そろばんとはしは無用か

ローマ時代に、食べ物を一度食べて吐き出し、また食べたという、あの異常な時代にも、その社会に住んでいる人々は、何も異常だと思わなかった。

この頃ふいと腹が立つ。なぜか理由ははっきりしない。しかし、食堂でスプーンを握るような不格好な手つきではしを持っている青年を見たり、暗算のできない奴を見たりすると、後になって誰がこんなことをさせたのかと叫びたくなる。手先の不器用な人を叱るのでも、けなすのでもないが、やけにそうした人が多くなっている今日、この頃の現状が気に入らない。だから気づかないうちに、そうさせられた彼らのために腹を立てているのだ。

1. 計算に弱い欧米人

私は小さい時から、日本人は手先が器用で繊細な頭脳をしているので計算に強いと教えられた。しかし、それが訓練によってそうなったとは、誰もいわなかった。日本民族は生まれながらに優秀なんだということだった。

日本は戦争に負けて、アメリカの支配を受けていた。その頃、アメションやパリションといわれる短期間の旅行に行った学者先生方は、さも欧米のすべてを見たかのごとく、日本を比較しながらいろいろ書いて下さった。私たちはそれを一つひとつ頷いて、なるほど、だから日本は駄目だったのかなどと、アメリカやヨーロッパ崇拝になってしまい、日本を否定した。そんな中で、たったひとつ自信と誇りと腹いせがないまぜになって、私の中に芽生えたことがある。それは、日本人は手先が世界一器用なんだということと暗算が素早くできるということだった。

「アメリカ人は図体は大きいが、足腰が弱くて手先は不器用だよ。だから相撲や柔道なんか弱いしトランジスターラジオやカメラや時計なんて精密機械はできない。日本人は手先が器用なんで、今に日本が精密機械の生産量は世界一になるよ」

偉い先生方はよくいった。私は内心嬉しかった。希望が持てた。頼もしかった。そんじゃ自分も何かしなきゃいかんなといつも考えていた。

「欧米に行くと、タバコの釣銭をよく間違えるんだ。優秀な人間は優秀だが庶民は頭脳が弱いよ。わずかな金のことでも、両手の指を折って計算したり、一つひとつ紙に書いたりして計算するんだ。見ているとあわれだよ。あんな国がよくもまあ近代文明をつくったもんだ。あきれるよ。アメリカなんていう国も庶民の教育レベルは低いね」

こんな話もしてもらった。どれもこれも驚くことばかり。生まれて初めて聞くことだから、何でもかんでも信じた。

2．計算器買って下さい

あれから何年たったのか。年数を数えていると「俺はまだ若い」なんて思っている自分に自信をなくさせるので数えないことにしているが、今になって周囲を眺めると、あの時聞いた欧米の現象がそっくりそのまま今の日本で見られるのである。

「卓上計算器を買って下さい。さもなければ仕事しません」

私たちが働いている小さな事務所で、事務の若い人が私にくってかかる。彼は大学を卒業したての二二歳だった。

「じょうだんいうな。それくらいの会計ならそろばんでやれ」

「そろばんなんてしたことない」。

彼は当たり前のように、何の恥らいもなく言う。しかし、私には信じられない。日本人がそろばんを知らないとは。

「小学校で習わなかったのか」

「習いませんよ。今時そろばんやる奴は少ないですよ」

「じゃあ何で計算するんだ?」

「ポケット計算器です。こんなに小さくて便利なのがあるんですよ」

「そんなこと知っているよ」

私は腹立たしく言った。別に彼に腹が立っているのではない。そろばんの使い方も教えずに卒業させる日本の義務教育に腹が立った。

「そろばんを練習しろ」

「今時そろばんを練習して何の役に立つんです?……。加減乗除、二重根三重根何でもござれの計算器があるのに、古いことをおっしゃる……」

青年は私をからかう。

「君、そろばんができないと、頭と手先が不器用になるぞ。それを知らないんだろう」

「頭や手先が不器用になってもコンピューターがやってくれますよ、何をいちいち心配しているのですか」

「頼りすぎだよ。日本人が優秀な頭脳や器用な手先になるための訓練を全部やめてしまって、機械に使われる人間ばかりつくる教育をしやがって……」

私は青年の前で言った。別に彼を叱っているのではない。

「僕を怒っても仕方ないでしょう、もっと偉い人の前で言って下さいよ」

彼は困ったような表情をした。

「でもあなたは変わっていますね。今時そろばんを使えなんて……」

「変わってなんかいないよ。そろばんが今の日本をつくってきたんだ。はしが今の日本をつくってきたんだ。君たちはそんなこと知らんだろう」

私は怒った。本当に怒りたかった。

「そんなことが教育や日本の現在と何のかかわりがあるんです?」

彼は私をとがめるように言った。

「そろばんやはしを使う手先の器用さと、そろばんやはしを使う繊細な頭脳が今の日本に発展させたと言っているのだ」

私は周囲のみんなに向かって叫んだ。

3．そろばんは頭脳の根源

今の子どもは鉛筆が削れないというし、はしも持てないし、暗算もできないという。タバコの釣銭だってよく間違うと言われている。

誰が誰のためにそうさせたのか。その方がよいというのか。そろばんやはしを使うことのできない者は、コンピューターに使われ、そろばんやはしを十分に使いこなせる者は、コンピューターを使う頭脳と器用さを持っている。

いつか、アフリカに行った土木建築家が言っていた。

「アフリカには九九式の掛け算がない。だから、測量の計算ができない。測量技術を教えるには。まず九九を教えなければならない」

早く計算できるために考案された五つ珠のそろばんは日本だけにしかない。九九だってない所もある。はしだってなくて、手で食べる人々もいる。

「文明の発展のために、文化が後退をすれば、長い歴史上では無益なことだ。発展途上において、人々は往々にして異常な社会を正常と見なすことが、歴史上に度々あった」

私の友人が私を慰めるように言ってくれた。

言葉や文字ではどうにでも表現できる。安心もできる。しかし、現実の社会の流れをなかなか変えられない。では誰がこの流れをつくっているのか。私たち一人ずつだ。あなたであり、あなたの知人であり友人なのだ。

私は、ローマ時代に食べ物を一度食べて吐き出し、また食べたという、あの異常な時代にも、その社会に住んでいる人には、何も異常だと思わなかったことを考えた。

「そろばんは計算する頭脳の根源であり、はしは手先を器用にする基礎的訓練なのだ。そのために、日本人が苦労して考案し、改善して来たのだ。それを今更なくしてしまうなんておかしいよ。役に立たないものなら仕方ないが、知的生活の根源をつくるエキスのようなものではないか。アメリカにはなくても日本にはあったのだ。どちらがよいのか、よく考えるべきだよ」

私は青年に向かって言っていると思ったが、私の周囲には誰もいなかった。

(8) 通じなくなった日本語① 奉仕とボランティア

最近、日本語が通じなくなっていると痛感することしきり。ここに交される高校生との会話でも、ついに私の真意は分かってもらえなかった。

1. 実感のないボランティア

「ホウシとは何語ですか?」

私は質問の意味がすぐには理解できず、高校三年生の男子を見た。悪気も恥ずかしげもない。まるで中国語か英語の単語の意味でも尋ねるようだ。

「日本語だよ」「どういう意味ですか?」

彼はオウム返しにまた尋ねる。どこかに真剣な眼差しがキラリと光る。私は、彼が日本人だと思い込んでいるので、からかわれているのではないかと思った。すると〝何のためにそんなことを私に尋ねるのか〟と好奇心と不信の念でいっぱいになった。

「奉仕というのは……」

私は、彼の顔を見ながら話しているうちに、どういうわけか頭の中が妙に涼しくなった。いったい私は、何を考え、何を言わんとしているのだろう。私の頭の中を空白の時が走った。まるで、宇宙からの指令を受けているかのようだ。

「ええ、何ですか？　何と言ってらっしゃるのですか？」

彼は怒ったような表情で私を見ながら言った。私は、彼の言葉にはじかれたように思わず叫んだ。

「ボランティアのことだよ」

言った後で、心臓がコトコト高なるのを感じた。どうも後悔をしているようだ。

「そう、ボランティアなの。初めからそう言ってくれればすぐ分かったのに」

彼は笑いながら、物知り顔で言った。すっかり理解できたというさっぱりした彼の表情を見ると、私はピンポン玉を飲み込んだような異物感を喉に感じ、それを吐き出すように言った。

「ボランティアってどういう意味だい？」

「ええ！　ボランティアを知らないの？」

彼は、言葉の通じない異国人を見るような驚きを込めて言った。

「ボランティアというのは、身体の不自由な人や身体の弱い老人を無料で世話してあげることですよ」

彼は非常に分かりやすく、はっきりと自信を胸にいっぱい吸い込んで一息に言った。

「困った人を助けることか……」

背中をトンと叩かれた拍子に出る咳のように、ふいと言葉がついて出た。

「まあ、分かりやすく言えばそうなりますね」

頭を縦に振りながら、彼は自分で納得するように言ってから、考え込むような表情をした。

「老人ホームを慰問したり、寝たきり老人を世話したり、身体の不自由な人を助けたり、とにかくボランティアというのは弱者の面倒を見ること、弱者救済なわけか」

「そうです。だから、現在はいろいろなボランティアグループがたくさんあるのです。ボランティアは、民主主義社会の必然であり、社会福祉の基本です。」

彼は右手の拳を握りしめ、演説口調で声高に話した。

2．社会の潤滑油

「ボランティアというのは何語だね？」「日本語ですよ。意味分かるでしょう」

彼は不安そうに私を見ながら言った。私は言葉の意味ではなく、その実態が具体的につかめなかった。ボランティアという言葉はしばしば耳にするが、それが私の生活文化の中に定着していない。

私は、身体障害者や老人を世話するのは正常な社会人の義務であり、民主社会のなすべき保障であると信じている。それを、人道的ロマンスに酔わされた希望者が個人的に無料で世話しろなどというのは、押し着せがましく、かなり犠牲的な気持ちの上になされているのではないかという思いがぬぐえない。

ボランティアが日本人社会にとって必要なものなら、組織づくりをする必要もなく、指導されることもなく、ごく自然に社会の潤滑油となるべきではないか。そして、その行為はいずこからともなく、誰からともなく盛り上がってゆく道徳的なものであるはずだ。

3．生活文化に重なる言葉

ボランティアの意味に、私の生活文化の中で重なる言葉は〝奉仕〟なのだ。すると〝奉仕〟にまつわる体験や想い出が具体的にいろいろ脳を駆け巡った。それらは私にとって、強制的でも義務的でもなく、わざとらしくもなかった。

「日本には、昔から勤労奉仕という言葉があったんだが知っているかね」

私は話題を変えた。彼は聞き慣れない言葉を耳にするように緊張し、「勤労って何ですか」と言った。

「勤労というのは賃金をもらって働くことだけど、勤労奉仕というのは、労働奉仕ともいって、自分の労働力を無料で提供するんだ」

私は言い切ってはみたが、〝勤労奉仕〟という言葉に国家的な強圧的意味が含まれているような気がした。しかし、そういう意味合いは本来のものではない。私の知らない第二次世界大戦前の日本の軍国政治の下で、一時的な社会現象として捉えたものだ。日本の農耕生活文化には、はるか昔から〝労働奉仕〟が存続している。

わが国には、〝ゆい〟〝手《て》代《が》え〟〝手《て》間《ま》控《かえ》〟〝手《て》間《ま》借《かり》〟とかいって、交換的な協同労働や、賃金を伴わない労働提供の〝手伝い〟があった。これは、家族労働だけでは足りない多忙な時期に、互助的に行われた〝労働奉仕〟である。金銭や物品で相殺されることのない、無期限に労働力を返す信頼社会の現象であった。

農繁期の互助労働、冠婚葬祭等の手伝い、また困った時の助け合い等には、社会的、人道的、血縁的そして文化的に〝道徳心〟としての奉仕精神があった。そこには、何年後になっても必ず返されるであろうという信頼で社会が存在してきたし、逆に言えば、自分たちの社会をそれだけ確かに信頼してきたことになる。〝奉仕〟とはそうした信頼と確かさから成り立っているものであり、決して一方的なものではない。また、古くから村や町の公共事業や寺や神社、それに祭礼行事等に対する労働奉仕などもあった。だからこそ定住農耕民である日本人の信頼社会の中に、奉仕精神は根強く存続し得た。

奉仕とは信頼なり

「奉仕とは信頼なんだよ」

私は〝ボランティア〟と〝奉仕〟は重なるが、奉仕の方がはるかに寛容で大きく、絶対重なり得ない部分があるという気持ちを込めて彼に言った。

「ボランティアは奉仕ですか？」

彼は私の説明から何かの類似点を発見したのかもしれない。

「ボランティアは奉仕かもしれないが、奉仕はボランティアではないよ」

彼の顔に驚きの色が広がり、目から不信の光が走った。

「奉仕は民衆の生活文化として道徳的に必要なものであり、良心ともいえるものなのだ。形や色の決まったものではなく、液体のように自由自在でありながら、非常に道徳的なのだ」

私は彼に、〝奉仕〟と〝ボランティア〟との違いを説明したつもりでいるのだが、ボランティアという外来語をどうしても理解できない。血となり肉となって、私の心の中にある生活文化は、ボランティアではなく奉仕なのだが、高校生の彼にはどうしてもそれが分からないらしかった。否、ボランティアという外来語に、彼は形と色をつくりあげているようだ。だから彼には、約束ごとの規約と信頼性の道徳心という社会的な違いを分かってもらえない。まるで異国人のような違和感を感じた。

「奉仕とは、良心的社会道徳なんだ」

私は彼に言ったが、彼は私に対して何の表情も見せなかった。

(9) 通じなくなった日本語② バカと馬鹿の違い

昭和五四年は国際児童年であった。世界中の子どもの・幼児の泣き叫ぶ表現の共通点は、やがて異質な話し言葉となる。子どもはまず自分の両親から言葉を習い、自分の周囲の人々と共に生活文化を身につける。

1. 通じないニュアンス

私が訪ねた地球上のどんな所でも、赤ん坊は人間の言葉を知らないし、風俗習慣も知らない。それが五歳にもなると、その地域に住んでいる人々の言葉を話し、風俗習慣を身につけるようになる。そして、一〇歳にもなると、もうその地域社会の人間なのである。

人間は自分の子どもに自分と同じ風俗習慣や言葉を教え、祖先から習ったすべてのことを子どもに伝えてきた。日本で育った私もその例外ではありえなかった。私が幼少の頃には、父母や近隣の大人たちによく叱られ、いろいろなことを教えられ、そして模倣してきた。そのために、私は生まれ育った高知県宿毛市という、人口わずか三万人ほどの豊後水道に面した比較的自然の豊かな農山漁村文化にひどく感化された。これは、いかに私が世界中の民族を訪ねても、未だに抜けきらない。

ところが、どうもこの頃、この私の話し言葉が時々不調和音に悩まされている。

「馬鹿馬鹿言わないで下さい」

私はよくそう叫ばれる。別に頭脳が悪いとかうすのろという意味ではないのだが、つい「バカだなあ」とか「バカ」と言ってしまう。私の〝バカ〟という意味は〝バカ、どうしたんだ〟とか、〝バカなことをするな〟の気軽な接頭語であり、親しい人にちょいと反抗したり、叱ったり、からかい半分であったり、愛を半分感じていたりする時等に、ふいと口をついて出る気軽な言葉である。

「私を馬鹿呼ばわりしないで下さい」

「バカだなあ、そんなに深い意味はないよ」

「馬鹿馬鹿といいますが、私はそれほど馬鹿じゃないです」

「馬鹿だって言っているわけじゃないよ」

私はなんとなく言葉のニュアンスが通じないことを感じる。

2. 生活文化と言葉

四年ほど前に韓国を訪ねた。決して〝バカ〟という言葉を使うなと忠告された。なぜかと尋ねたら〝バカ〟はかって日本人が韓国で威張っていた頃使われた代表的な言葉だそうだ。韓国の人々は、多分〝バカ〟という言葉の多様な意味の文化性を理解せず、軽蔑用語、差別用語の代表としてしまったのではないだろうか……。

日本語の〝馬鹿〟の使われ方はたくさんある。

〝馬鹿は休み休みに言え〟

〝馬鹿と天才は紙一重〟

〝馬鹿とはさみは使いよう〟
〝馬鹿につける薬はない〟
〝馬鹿のひとつ覚え〟
〝馬鹿を見る〟
〝馬鹿正直〟
〝馬鹿騒ぎ〟

〝バカ〟というのはもともと仏教語で〝莫迦〟と書くそうだ。莫迦は無知を意味する僧の隠語であったという。ところがいつの間にか、馬と鹿とを見違うような愚か者とでもいうのか〝莫迦〟が〝馬鹿〟という俗語に変化したのだそうだ。ところで、バカに大きいとか、バカにうまいというのは、仏教用語の〝摩訶〟（大きな、偉大な）という意味から、後世の人の話し言葉として変化したものだそうだ。そして、〝摩訶不思議〟〝摩訶力〟の摩訶は、非常にとか、大きなという形容詞なわけである。

私たちが一般に〝バカ〟という言葉を使う時には、現代の話し言葉の接頭語や形容詞に使う場合が多く、軽蔑用語としての度合いは低いし、それほど意識して使っていないような気がする。その〝馬鹿〟という馬と鹿を取り違えたような滑稽な書き文字からの発想と、時と場所の違いによって使い分ける話し言葉の〝バカ〟は必ずしも同義語ではない。話し言葉の〝バカ〟は、生活文化として感じる会話そのものであって、いろいろと体験したり、人とよく会話したり、行動を共にしたり、口論をしたりしないと理解し難い、ニュアンスの異なる体験用語でもあるような気がする。

3. 叱る時の接頭語

「バカだね、こんなことさえ分からないの」

「バカなことというものではない」

「そんなことする子はバカだよ」

私は幼い頃から先輩や両親等に何度も叱られた。なぜか、彼らが叱る時、たしなめる時に〝バカ〟という言葉がつくのである。だから、バカだといわれても教えてくれることの前ぶれくらいの受け方だった。何より私にいろいろなことを教えてくれた人は、実際、私の知らないことをよく知っていた。叱られた時は頭が熱くなって反抗的になるが、話を聞いて共に行動しているうちに、納得することが多かった。教えてくれる内容の大半が、学校では学ぶことのできない現実的なことだった。先輩たちからすると、体験の乏しかった私のやることは間が抜けていたのだろう。しかし、私は全能力を投じて、これ以上の努力はできないつもりでやっていた。

昭和二二年に小学校に入学した私も、すでに三〇代の後半である。十数年前の自分と同じ理論走って知恵のない青年と行動を共にすると、つい私の先輩たちが私に言った言葉が、不思議なほど同じように口から飛び出してしまう。

「バカ、何を言うか、よく聞くんだ。こんなことが分からんようではバカだよ」

「馬鹿とは何ですか、馬鹿とは……」

青年が理をかざして論で押しかけてくると、もう会話などできなくなってしまう。何よりも、私が言葉使いを強くすると、顔色を変えて黙りこくるか、逃げてしまう。

「あなたはどうして怒るのですか」

「怒っているんじゃない、教えているんだ。君はどうしてこんなことが分からないのか」

「分からなくてもいいです。怒られるより知らない方がましです」

「バカ、怒られても知る方がましなのだ」

「他人を馬鹿呼ばわりして怒るんだったら、教えない方がいいですよ」

私は不協和音にいささか平衡感覚を失ってしまう。私に同調しない世代は、バカと叱られたことも、強い口調で教えられたこともないせいか、バカという言葉にも、叱られることにも、一種のアレルギー反応が生じるようだ。

4．お互いに頑張ろう

私はこんなことを記すと、時々自分が馬鹿者！　と叱られるような気がする。叱って欲しいとも思う。しかし、誰も叱ってはくれない。ただ理を旗じるしに、論を張り巡らせてピエロのようにつくり笑いをする人は多い。だけど、私が幼い頃感じたような、なるほどなあ……という納得は得られない。私が〝バカ〟というのは、差別語でも軽蔑語でもない。しかし、この頃〝馬鹿！〟と叫びたくなる気持ちが強くなったので、なんとなく、地に足のついた文化が、ウセロ、ウセロと吹き抜けていくような気もする。これは夢なのだろうか、青春の終わりのせいだろうか。それとも、人類史上どこにもなかった、高等な日本文化の果実の皮をむく現象なのだろうか……。

それにしても、この頃時々日本語が分からなくなって「バカ野郎！」と叫びたくなる。でも本当には誰も馬鹿だと思ってはいない。

「気をつけてくれよ！」「このままじゃ困るよ！」「なんとかしなきゃ！」「今に困るぞ！」「お互いに頑張ろうや！」「やれる時にやっておこうよ！」という意味であって、「どうにでもなれ！」「俺はもう知らんぞ！」「勝手にしやがれ！」という意味ではないのである。

⑽ 通じなくなった日本語③　親切って何だい

私は、夢を見ているのではないだろうか。いや、確かに夢なんだ。本当の親切のない世界で、親切という夢を見ながら、青年と語り合っているのだ……。

1. 親切は親切だって！

「親切っていったい何だろう?」

私は、知人の学生に尋ねた。尋ねる理由も知りたいという欲望もそれほど強くはなかったが、〝親切〟という言葉の叫び声に、私の良心は反応する。おそらく〝親切〟という、どこにでも転がっている言葉が不鮮明になったせいだろう、ふいと口から飛び出した。

「親切は親切っていう意味ですよ」

青年は、心優しくない、ぶっきらぼうな調子で言った。親切は親切だ⁉　私は、なおさら分からなくなった。

「いや、その親切が分からないんだよ」

私は、日めくりを一枚めくってみると、また今日という日が現われたような不安に憑りつかれた。

「親切は日本語なんですよ。心優しいという意味じゃないですか」

「じゃ、どうすれば親切なんだろう」

日本語だと言われた私は、また問い返さなければいられなかった。彼は、天井の唐草模様をみつめながら考え込んだ。

「目の見えない人の手をとって横断歩道を一緒に渡るとか、老人に席を譲るとか、身体の不自由な人の手や足となってあげることですね」

青年は、非常に明るい笑顔で言って、私を見た。

2. 強制的に存在するもの

この頃、電車に乗る度になんとなく落ち着かない。私は電車に乗る位置が一定しているので、いつも端の車輌に乗る。すると、決まってシルバーシートがある。そのマークを見ると反射的に緊張する。外国にいるような違和感を覚えるのだ。

シルバーシートのある車内にいると、自分が悪いことをしているような気分にさせられる。満席になるとなおさらである。シルバーシートでない席に座っていても、六〇歳以上の人が目の前に立つとイライラする。席を譲ってあげたいが、シルバーシートには学生が座っていたりする。『どうぞあちらへ……』と言ってやりたいが、言い出し方を考えているうちにやめてしまう。

『どうぞお座りになって下さい』

などと言って立ち上がり『すみません』と口先で言い、当たり前だという態度で座られても、また『いや、私はまだ……』などと断られても、あと味がものすごく悪い。何度かいろいろと経験しているうちに〝シルバーシート〟という規則的で、強制的なものの存在が、全く無用のものに思える。老人や妊婦、身体の不自由な人に席を譲るのは、強制でも法律でもない。どんな場所でも、いつでも、本人が譲ってやるべきだと判断した時に、立ち上がれば良いものだ。道徳的良心を指示されたり、強制されたりすると、本当に判断の基準に迷ってしまう。

3．心でなく行為が大事？

「それじゃ、親切ってのは人道的な常識ってわけか」

私は、紅茶を飲んで一息ついた青年に質問した。

「エッ？」

彼はふいをつかれて、目を見開き、私をみつめた。

「親切の押し売りが良いものだろうか？」

私は自分自身に問いかけるように言ったつもりだったが、彼は怒ったような表情をして、自分の考えをたたきつけるように、攻撃的に肩をいからせた。

「日本人は不親切です。われわれは身体の弱い人に対して、もっと親切でなければいけません」

「身体の不自由な人に対して、親切な行為をするということが、本当に十分な心づくしをしたことになるのだろうか」

「なります。親切であればあるほど喜ばれます」

「親切にするように決められているから、それとも、親切なんて稀少価値だから親切にするのかね？」

「親切にするよう決められるべきです」

学生は声高に言った。

「親切は行為が大事なのか、それとも心が大事なのだろうか」

「心だけでは何の役にも立ちません。行為が大事なのです」

彼は、はっきりと言い切った。彼の身体には〝親切〟という言葉が山積みされているようだ。その〝親切〟は、目に見える決まった行為であり、時と場所によって変わる自由自在なものではないように、私には受け取れた。

4. 親切が不自由なものに

「親切って不自由なものだね」

私は、鉄板のようにカタイ親切を感じながらつぶやいた。ふと外を見ると、窓の外に私たちの知り合いの七八歳の老人がいた。

「おじいさん、元気かね？」

「ピンピンしているよ。お前たちは、お茶なんぞ飲んでヒマつぶしか！　いいご身分だね」

老人は、憎まれ口をきいて去った。

「面白いじいさんだよな」

私は彼に笑いながら言った。

「あのじじい、お前の子どもの頃は……、とすぐにいらぬことをいう。あんなじじい、早く死んでしまえばいいのに……」

「いいじゃないか。君の生まれた頃から知っているんだから、親切にしてやれよ」

「とんでもない。あんな老人に親切にしてやったらつけあがりますよ」

「別に大事にしてやらなくてもいい。毎朝、会う度に声をかけてやればいいんだ。あれでもじいさん、さびしがりやなんだよ」

「いや、僕は決して声をかけない。そんなことをしても何の役にも立ちません」

「いや、親切心からなんだよ」

「あんな、ピンピンしている老人に話しかけることが、何で親切なんですか?」

「老人は誰でも孤独なもんだ。だから生まれた時から知っている近所の子どもの成長が、憎らしくもあり、頼もしくもあり、たまらなくお節介をやきたいものだと思うよ」

「それは老人エゴですよ」

「でも、それが老人の生きる楽しみなんだ。路上で会った時なんかちょっと一言、大学に入学したよ、卒業したよ、もう就職したんだよ、嫁さんもらった、子どもができた、なんて知らせてやると、大変嬉しいものだそうだ」

「そんなことする必要はないじゃないですか。あの老人と僕は、親戚でもないし、何の関係もない」

「いや、老人への親切心だよ」

「親切なんてそんなものじゃないですよ。もっと現実的なものです。この世の中には親切を必要とする人々がたくさんいるのです」

「見知らぬ老人に席を譲るのと、あの老人に〝おはよう〟と声をかけてやるのとどちらが親切だ?」

「そりゃ、席を譲ってやるほうです」

奉仕活動などで、老人ホームを慰問するという大学二年生の彼は絶対的な自信にあふれて言い切った。

私は、彼の〝親切〟というコン棒で頭をなぐられたような気がした。

⑾ 通じなくなった日本語④　親友・友人・知人・フレンド

最近の友人関係は、淡泊になったのだろうか。同じ釜の飯を食った仲とか裸の付き合いというのは、野蛮でセンスのない関係となってしまったのか……。

1．男ってのはな！

「男ってのはな、親友とは裸で同じ布団に潜って眠ることだってあるんだ」

私が、何かの拍子にそう言った時、顔ははっきり見えないが、近くでタバコをふかしていた三、四人の若い男たちが、「へへへへ……」と気色の悪い声をたてて、私を見た。

「男ってのはな……」

私が次を言おうとすると、一人が遮るように口を挟んだ。

「親友というのは、つまりホモのことだと言いたいんでしょう」

「何⁉」

私は驚いた。

「裸で抱き合って寝る。それが親友という男同志の関係というわけだ」

若い男たちは、私をからかって笑う。

「親友というのはそんなんじゃないんだな！」

「それじゃどんな関係？」

「親友というのはな、一組の布団でも分け合って眠るし、一個しかないパンだって分けて食う。辛いことや楽しいことですら分け合える関係の同性の友人のことだ」

「楽しいことを分け合うというのは分からないね。じゃ、女友達だって交換しなきゃならんのかね」

私はどうも口下手らしい。いつも言葉の揚足をとられてしまう。

2. 一緒に寝る理由なんかない

彼らはウィスキーを飲んでいる。時々グラスをリズミカルに叩く。そして、全身をはずませている。

「どうして俺の話を真面目に聞かないんだ」

「我々は大真面目ですよ。だけど男同志が同じ布団に眠るというのは、ホモの関係でしか考えられないんです」

眼鏡をかけたほっそりした男が私をみつめながら言った。

「君たちは、どんな親しい友人でも同じ布団にくるまって寝ないか」

「寝ませんね。気持ちが悪いじゃないですか」

「どうして？」

「ホモなら一緒に寝るでしょうけれど。そうでもなけりゃ寝る理由はないじゃないですか」

「例えば、自分の部屋で夜更けまで話し込んだりしていて、泊ることになったらどうして寝るんだい？　もちろん布団は一組しかなく……」

「寝袋があれば寝袋だな。ごろ寝でもかまわない」

「冬だったらどうする？」

「寒い時には、暖房器具という便利なものがありますよ」

私はなるほどと思いながら聞いていた。

「でもね、今時、布団一組しかない奴なんていませんよ。持っていない奴は、自分の部屋に友人を呼んだりしないのが常識です」

3．今は昔の学生時代

私の学生時代の生活は、四畳半しかなかった。机と本箱を置き、布団は一組置くのがやっと。友達が来ると、一枚の敷布団の上に二、三人、麻雀で夜更かしした時には四人も一緒に寝たことがある。時に、隣の友人のあらぬ所に手が触れた。汗臭い裸体が目の前にあり、三センチと離れていないところに顔があった。それでも夏はまだましなほうだった。冬は、暖房器具なんてないので、身体を寄せ合って眠るしかなかった。

きっと、なんとなく滑稽で、愉快なありさまだったろう。布団を取られては取り返し、大きなイビキに管癩を起こしては、再び眠ろうと努力して夜が明けたものだ。そして私たちの目覚めは、たいてい寝不足でボンヤリしていた。

4. センスないね！

「君たちは豊かなんだよ。本当に！」

私は学生時代の自分の生活を思い出しながらつぶやいた。

「豊かじゃないですよ。物価高ですからいくら金があっても足りないんです」

高級ウィスキーをグラスに注ぎながら、ヒゲの男がボヤいた。この頃の学生は安い酒を飲まなくなったという。

「だったら自分の部屋で飲むほうが安上がりじゃないか。友達が何人来ても千円ずつ出し合えば十分飲めるはずだ」

「いや、酒というのは自分の部屋で飲むのはまずいんですよ。やっぱり外で飲むべきなんです」

「友達と飲むんだったらどこでも同じだろう？」

「いやいや、ムードがなきゃ駄目ですね」

「酔っ払ったらどこだって同じさ」

私は、真実を言ったつもりだが、彼らには通じなかった。

「どこで酒を飲んでも同じだというし、親友なら同じ布団に寝ても平気なんて、センスないね」

色の白い女性的な顔をした男が言った。

5. 親友って差別的な言葉？

「男ってのはな、親友同志で酒を飲み合い、パンツ一枚で、同じ布団に眠ることだってあるんだ。金なんか使わなくても、仲間がいれば、仲間と話ができれば楽しい。君たちは知人と親友の区別ができないし、知らないんだ」

私は酔った勢いもあって、捨てぜりふのように言った。

「知人だとか友人だとか親友だとか、区別する必要なんてないじゃない。みんな友達でいいじゃないですか。君は知人で、君は親友なんていう差別的な言葉は、僕たちにはいらない」

眼鏡の男が言った。

「君たちはどんな関係なんだい？」

「我々は友人ですよ。今夜初めて会ったのもいるし、二か月前からの知り合いもいる」

「じゃ、ここを出れば別れ別れか？」

「そうですよ。このスナックに来ている間だけの友人ですから……」

「他の場所には、他の友人がいるのか？」

「そうです。友人は多いほどいい」

「何のために？」

「楽しいから……」

私は無意識にグラスを噛んだ。

ガリッと音がした。

「私の発想と君たちの発想はかなり違っているね。二〇年ほどのズレがあるなんていうなまやさしいものではない。異質的発想だ」

私は冷ややかに言った。そして頭の中で、北欧では男同志でも結婚できるということや、アメリカ、イギリスでは知人も友人も親友も『フレンド』で表現することを考えていた。

⑿ 通じなくなった日本語⑤　おはよう

朝の挨拶は「おはよう」これは当たり前のことで理屈なんかありはしない。挨拶は人間関係の基本であって、およそ義理で使うものではないのだが……。

1．おはようは義理の言葉

「おはよう！」

私は青年たちに笑いながら言った。なんとなく気持ちのよい朝だった。

「あなたはどうしておはようなんて言うのですか？」

二一歳の斉藤が尋ねた。私はどう答えようかと彼を見つめた。

「君たちはどうして言わないのかね？」

「私は言いませんよ。おはようなんて言う奴は信じません」

「おはようというのは、朝の挨拶で日本人なら誰でも知っている言葉なんだ」

私は、斉藤と大学一年生の秋葉を見ながら言った。すると秋葉が、「知っていますよ。だけど使う理由が分からない。おはようなんて言葉、なんとなくなじめません」

「君たちは大学を卒業して、実社会で勤めはじめても、朝みんなに挨拶しないつもりかね」

「必要のない時はしませんね。どうしても挨拶する必要がある時にはします」

斉藤が、俺は秀才だと誇っているような澄ました表情で言った。

「じゃ、挨拶する時は何と言うのかね」

「さあ……おはようと言うでしょうね」

「やっぱり、おはようと言うじゃないか」

「そう、おはようというのは、義理で使う言葉ですから……」

「そんな!………」

私は、口をあんぐり開けて斉藤をみつめた。

「日本には義理で使う言葉が多いんです。労働して、その代償に報酬をもらうのであり、金をもらうから働くのであって、義理で働いているのではないのです。しかし、金をもらっている以上、こちらにも弱い点がある。だから儀礼的な挨拶ぐらいは仕方ないです」

秋葉が斉藤の代わりに説明してくれた。

私は秋葉の口からポンポン出る言葉を聞いていると、暗示にかけられたような気がして、不意に片目を閉じた。でもやっぱり彼らの表情は同じだった。彼らは正常に話している。

「それじゃちょっと聞きたいんだが、おはようと言うのと、グッドモーニングと言うのと、どちらが言いやすいだろうか」

「同じですよ。全く同じですね」

秋葉がすかさず答えた。斉藤も頷いたので同意見のようだ。私が彼らに『おはよう』と言ったのは、起きてすぐ洗面所に入って顔を洗い、なんとなく嬉しくて、よし! 今日も頑張ってみるかと思ったし、太陽が東から昇り四月の香りが漂っていたからだ。同じ屋根の下に住んでいる彼らも同じ気持ちだろうと思ったのだ。だから、『おはよう』という答えが返ってくるものだと思っていた。

2．仲間内の挨拶

「じゃあ君たちは、朝会った時、お互いに何と言うのかね」

「言いたくなければ何も言いません。言いたい時は、『よお！』とか『どう！』とか『おい』ですね」

斉藤が私に答えてくれた。彼は当たり前のことを言っただけというような表情で私を見た。

「そう、『よお！』か……それだけでいいの？」

私は感心したように笑いながら言った。

「しかし、仲間内ならいいかもしれないけれど、先生や近所の老人たちや両親にはそうはいかんだろう？」

「先生にも近所のお年寄りにも、両親にもおはようなんて言ったことないよ」

「そんなことないだろう？」

私は彼らへの視線を強くして言った。

「僕は先生に挨拶したことないし、先生も僕らに『おはよう』なんて言ったことない」

秋葉がふて腐されたように言った。

「どうして君たちのほうから『おはよう』と言わないのだ？」

「あなたはね、古いのよ。僕たちの世代では誰も『おはよう』なんて言わないんだ。そんな挨拶する奴は仲間じゃないから無視するんだよ、分かる？　この意味……」

斉藤が私をたしなめるように言って笑った。私は彼らからみると、古いのだろうか？

3．挨拶は社会生活の知恵

「私には分からないね。私にとっては、『グッド モーニング』と『グーデンターク』と『ボンジュール』と『サラマレコム』と『ジャンボ』とは同じだよ。同じ挨拶の言葉でしかないんだ。しかしね、日本語の『おはよう』という言葉はその裏に言い尽くせない気持ちや心づかい、そして喜びや励ましや信頼関係があるんだ」

私は、自分が古いと言われたので、つい胸を張って言った。古くなんかないんだぞと言いたかったような気もするが、口に出た言葉は違っていた。

秋葉が私をからかうように笑いながら言った。

「それ、どういう意味？　分からんことを言うのね」

「私は日本語をしゃべっているんだぞ！」

「そう、それは日本語だけど……日本語は難しいね」

秋葉が斉藤に同意を求めるように言って両手をあげ、首をすくめて笑う。

「おはよう！　おはようございます！　なぜ言えないのかね。いい言葉だよ。朝の挨拶なんて、どの民族でも一番使いやすくて、良い言葉を使っているんだ」

4. 朝を知らない世代

「おはようなんて言葉、いったい誰がつくったのですか？ 僕にはその言葉を使う意味がよく分からない。朝になると、みんなが決まったように、おはよう、おはようございます、なんて言うけれど、その意味も必要もないではないですか？」

斉藤が怒ったような表情をして言った。

「意味なんか考える必要はないんだ。朝、夜明けと共に起き、日が昇るのを見れば誰だって気分がよくなるだろう。その気持ちを伝える言葉なり記号なり、音なりがあればいいんだ。それが日本ではおはようなんだ」

「日が昇るって、日の出のこと？」

「そうだ」

「僕は日の出など見たことがない。起きるのはたいてい八時前だけど、朝、太陽なんて見ないもの」

秋葉が驚いたような表情で言った。私は言うべき言葉を失って、彼をただみつめていた。深夜放送を聴いてか、本を読んでか、駄弁ってか、夜遅くまで起きている若い文明人の代表が、彼のような気がした。

私は、日の出を見たことがないという秋葉の表現に、戸惑った。私は自分の目がしらに右の掌を当てた。するとまっ暗闇の中に線香花火のような赤い星が散った。秋葉の説明に驚いたからか、怒ったからか分からない。

「おはようなんて言う必要ないよ」

斉藤と秋葉は、あっけらかんとして洗面所を出ていった。私は一人になって目を開いた。朝の光が目にしみた。

⒀ 愛と優しさの戦い

文明が発展し、文化が向上してくると、優しさが望まれるが、愛のない優しさは刹那的で無責任な行為になりがちだ。

1. 望まれる言葉には刺がある

愛と優しさは相似的なイメージにあるが、色で表現すると、愛は赤色、優しさは白色で、愛×優しさは桃色……。いずれも美しい色であり、誰しもが時と場合によっては意識する情感的な色である。

言葉を色で表現すると、その意味の違いがはっきりするが、創造性に欠け、型にはまってしまう。文字で表現すると創造をかきたてられ、自分好みに組み立てる面白さと不可解さがある。

愛も優しさも、書きやすく、使いやすく、ロマンチックで美しい言葉である。だから何事につけても使いたくなり書きたくなる。しかし、その意味をよく考え、具体的に理解しようとすると、大変難解で優柔不断である。

愛と優しさは誰からも望まれ、誰にでも要求したい美しいよい言葉で、誰にでも好かれている。しかし、それを実践しようとすると、長くて細い針でチクリチクリと刺され、身も心も痛みに悲鳴をあげてしまう。

言葉として書いたり、使ったりしている場合や、色として表現するには大変美しい言葉なのだが、日常生活の中では、これほどデリケートで扱いにくいものはない。少し気を緩めるとすぐに目を隠し、ちょっと強気になると耳をふさぎ、気にかけないと口をおおい、気にしすぎると鼻をふさぎ、存在を認めないと触覚を麻痺させられてしまう。

この美しい、素晴らしい言葉をどう扱えばよいのか、万民等しく迷うのも無理はないが、美しさに負けてはいけない。時に応じては、木刀を大上段に構え、「さあ！　こい……」と叫んだり、冥想にふけり、音無しの構えをしたり、カラスが驚くほどアホウアホウと大笑いしながらも、美しさの陰にある刺が何であるか、その本質を十分に見抜くことが重要である。

2. 愛は動物的な独占欲

愛は男性的か女性的かと言えば男性的であり永続的で、しかも非社会的な心理によって育まれた感情でもあるので、独占欲が強く闘争的である。だから、それに引きつけられ、慕い、慈しみ、可愛がる気持ちが強くなる。

となると、〝愛を与えよう〟、〝他人を愛しましょう〟と言われても、そう簡単にはいかない。男女間の特殊な関係の愛ならまだしも、見も知らない人や、何のかかわりもない人に愛を……と言われても、何のことなのかさっぱり分からない。

どちらかと言えば、愛は自分の行動範囲内にしか通じない気持ちで、小規模で発展性の弱い、土着的なもののようだ。しかし、その気持ちの裏には、大変な義務感と責任感があり、時にはその重圧に押しつぶされそうになることもある。

愛は与える気持ちと、与えられる感情があるが、神の保護を信ずる欧米思想では、どちらかと言えば、神に代って愛を与えることを信条としている。神の助けによって、自分が努力すれば極楽へ行けると信ずる東洋思想では、他人との融和を本分とするので、愛を与えられる気持ちが強い。

日本の親が自分の子どもを育むのは、他人から後ろ指を差されない社会人にすることを旨とし、社会的に強い人間にするためではない。

だから、親が子を愛しているのではなく、神に代って優しくいたわり、保護しているのである。

日本人は古来、おだやかな自然に培われた定住者の信頼感を頼りに、他人との融和による社会を営んできたので、英雄を必要としなかったし、神の強い保護を必要としなかった。どちらかと言えば、精神的な共同体意識を好み、優しさを理想としてきた。

3．優しさは文化的な平等欲

優しさとは、素直でおとなしいことであり、大変社会的な意味が強く、献身的で平等意識に包まれている。

恥らいの文化とも言われる日本文化は、女性的で情深いので、独占欲や動物的な闘争心をよしとしない。どちらかと言えば、精神的に飽和な社会を望むので、強烈な愛を好まないし、男女間の感情においても優しさが望まれる。だから、温情的で平和な社会に、分け隔てなく優しい心を持つことを信条とする。しかし、優しさにはそれほどの責任感も義務感もなく、感情的で刹那的な面がある。

優しさは、愛のような土着性に乏しく、主義・思想・宗教・民族を越えて国際的に通用するし、特殊性がない。大変人間的で、他の動物にはあまり見られない感情であるが、没我的で、けなげな行為とこまやかな理性による心情である。だから、優しさは愛よりも理解されやすく、容易であるが、厳しさやおおらかさに欠け、日和見的な情感に包まれがちだ。

優しさの少ない社会は住みづらいが、多すぎると活力のない、耽美的な社会になり、やがて衰退への道を進む。反対に愛が強すぎると弱肉強食の社会になりがちである。

4．愛のない優しさは無責任

〝可愛い子には旅をさせよ〟

この諺の意味は、親の優しさよりも、強い愛の必要性を説いている。

人間に男と女がいるように、長い人生の道程には山もあり、谷や川もあり、必ず陽と陰がある。親が子にその具体的事実を体験的に伝えるのが愛であり、子どもの立場になって考えるのが優しさである。

文明が発展し、文化が向上してくると、優しさの方が望まれるが、愛のない優しさは刹那的で無責任な行為になりがちである。人間の成長過程に愛のムチは必要だが、優しいムチはありえない。

〝愛のない社会は存在し得ないが、優しさのない社会は存在し得る。愛は優しさを包むが、優しさは愛を包みきれない。優しさのない愛はあっても、愛のない優しさは眠れる獅子である〟

私たちは今、愛と優しさについてよく理解し、愛のない優しさに気をつけねばなるまい。

日本の中年以上の苦しかった時代を知っている人々の多くは、自分の子どもには、自分の孫には自分たちが体験したような、貧しく苦しかったことをさせたくないとの願いが大変強い。もちろんそうあるべきだ。しかし、人間の成長過程において、青少年時代に通過しなければならない、大事なことまでも混同してしまっている傾向もある。

青少年時代には逞しい心身を培うため、たまには、非生産的・非能率的、あほらしい体験も必要だ。今日の豊かな日本を築いたのは、苦しかった時代を体験した活力ある人々で、豊かさに浸った若い人人ではない。しかし、やがて若い日本人が中年以上になる。

いつの時代にも人間の知恵は伝承される。なぜ日本人がこれだけの豊かさを築けたのか、その理由をよく考え、よかった面を大いに伝えるべきだ。それが若い日本人への大いなる愛であり、黙して語らないで、体験の乏しい人々に同調してしまうのは優しさだけのような気がする。

2　孤独な文明人

(1) 忘れられていた教育

1. 現代青少年の価値観

戦後五〇年、民主主義社会の生活の基盤をかたちづくるために、〝教育のあり方〟が絶えず審議されてきた。しかし、今日の青少年の生活態度や価値観からすると、「学校教育の改革、改善」という審議は、何のためになされてきたのだろうかという疑問を抱かされる。

平成七年度、総務庁の〝青少年白書〟によると、日本の青少年は、社会に疑問を感じる度合いは低いが、不満をいだく者が多く、社会的満足度は大変低いとされている。

現代の青少年の特徴は、親を信頼せず、刹那的であり、権利意識と欲求だけは強いが、義務と責任の意識が弱いことである。また、社会の上下関係や性の区別にこだわらす、故郷感や愛国心、社会参加への意識が乏しい。そして、労働は個人の収入を得るためと考え、労働意欲が弱く、「お金さえあれば、遊んで暮らしたい」という志向が強い。

理想的な〝民主主義〟を学んできた若者の多くが、社会とのかかわり合いを持とうとせず、日本人であることへの誇りや社会に役立ちたいという意欲が弱く、豊かな社会に満足もしていない。これらは何も若者だけでなく、大人の多くも自分志向なのである。

2．学校教育中心の社会

明治五年に日本の近代的学校教育が始まった。その学校を管理・運営する主管庁が〝文部省〟であるが、文部省は、国家的教育政策全般を立案・実行するための機関ではなかった。国民の税金による義務教育の目的は、実社会で生きるための資質や能力を身につけさせ、社会の安定・継続・繁栄を促すための地域社会の後継者としての人づくりである。

ところが、学校教育制度が導入されると、古来からの家庭や地域社会の教育力が徐々に弱まってきた。特に、戦後の日本では、教育とは、知識や技能の習得を意味する学校教育だけになってしまった。社会の後継者である人づくりが、学校教育だけでなし得ることができると思い込んでいる大人が多くなっている。

しかし、今日の青少年の多くにとって、学校へ行くのは、「単位をとるため」、「生活のリズムを守るため」、「卒業するため」であって、〝意味ある場〟ではなくなっているといわれる。

それは、多くの若者か、社会的成功の条件として、〝個人の努力〟だけでなく、〝運やチャンス〟または〝個人の才能〟と考えており、学校の役目が薄れているからである。

学校教育の〝形〟のあり方は審議され、改善されても、社会的人間のあり方、生き方についての〝心〟の持ち方を教えられることの少なかった若者たちは、効率的に知識を詰め込む学校の存在価値を認め難いのである。

3．社会環境の激変

合理化と機械化を追求してきた日本は、この数十年で科学技術が発達し、急激な環境変化と物の豊かな社会になった。その反面、第二次世界大戦後の〝負の遺産〟的教育から、潜在的コンプレックスによって、民族的、社会的な誇りと意識を弱めた。そして、〝新しいことは良いことだ〟、〝消費は美徳〟とばかりに、生活環境を積極的に変化させ、社会的価値基準を失った。

各地の都市化によって地域共同体が崩壊し、地縁が弱くなり、趣味縁が強くなっている。そのため、地域への愛着が弱くなり、どこに住んでもそれほど変わらないという意識が強くなっている。それは、愛国心や郷土愛の衰退を意味してもいる。

日本の青少年は、こうした社会環境の変化から、民主主義に最も必要な〝社会参加の意識〟が乏しく、積極的に社会とかかわり合いを持つことをためらい、政治不信を強めている。そのため、社会に役立ちたいという意識が弱く、社会への参加意識も低い。これはいかなる社会にとってもマイナス要因である。

このような青少年の特徴を無視した、〝国際化〟や〝ボランティア〟そして、〝個性〟を叫ぶ教育のあり方は、何か基本や目的を忘れているように思われる。

4. 二一世紀の教育のあり方

科学的文明が発達し、豊かな社会が達成され、社会環境がいかように変化しても、社会人の基本的能力の共有は、今も昔も変わりなく必要なことである。その基本的能力を身につけさせることこそ、古来の「教育のあり方」であった。

公教育の原点は、より良い社会人の育成である。それは、社会への貢献意識と参加意識等による社会志向を高めることだ。しかし、それを学校教育だけで身につけさせることは到底できない。

豊かな社会が達成された今日、産業化を追求するために必要であった学校教育の改革、改善だけでは不十分である。新しい教育観による〝人づくり〟のための国家的教育政策の審議が必要だ。

科学的文明社会で生まれ育った青少年が、自分自身の能力を向上させ、生活を充実させる自分志向と同様に、社会に参加し、貢献していく社会志向を高めるには、自然と共に生きる生活能力を向上させることだ。その具体例が、少年時代の野外文化活動である。

二一世紀の教育における教育のあり方は、長い間忘れられていた〝生き方〟、〝生きざま〟を考え、生きる力の基礎、基本を身につけさせることが必要不可欠。その最も良い方法が、体験学習としての〝野外文化教育〟なのである。

（2）当たり前の心

1．自然とともに生きるあり方

私たちは、あり方、考え方、感じ方によって価値観や情操、そして喜怒哀楽か起こってくるが、いずれにしても、自然とのかかわりが必要である。自然とともに生きるあり方は「当たり前の心」であり、いろいろなコミュニケーションの仕方がある。そのひとつとして植物とのかかわりがある。植物の特徴が分かり、名前まで分かると、自然の変化に敏感になる。それは、一本の木、一枚の葉、一輪の花や果実の形や色や大小の特質が、変化のある自然の美しさを見せてくれるからである。

「一葉落ちて天下の秋を知る」

こんな諺があるが、一枚の葉の変化は、美や時、詩情や旋律の世界をも伝えてくれる。冬のかたい包芽、晩冬の桃色に膨らんだ芽、早春の萌える黄緑の小さな若葉、春のみずみずしい緑の葉、夏の強い日差しに映える濃い緑色の葉、秋の夕日に燃えるように色づいた葉、ヒラヒラと一枚ずつ舞いおりる葉、大地一面に織りなした落葉。一年間の自然の変化は、美の心を教えてくれ、無常を知らせてくれ、時の流れを感じさせてくれる。

巡りくる自然の美に練られた感性は、リズムを奏で、詩情をかきたて、絵心を培い、侘と寂の境地まで開いて見せてくれ、驚きと感動のドラマを演出してくれる。日本の自然は、日本人に様々な感情を練らせ、複雑な文化を培わせてきた。この感性が万葉の時代から和歌を詠み、近世になって俳句を詠ませた。

自分よりも長い生命を持つ一本の樹木を仲間にしておくと、長い人生の友となり、一年三六五日、いつでも好きな時に語りかけることができる。庭の木、校庭の木、道や川沿いの木……どんな木でもよい。よき友とすれば、素晴らしい生涯の楽しみとなる。

2．生きるために必要なものの認識

私たちが生きるに必要な環境は、自然環境と社会環境の二つがある。自然環境は、私たちに倫理、すなわち心やしなやかさを与えてくれ、採集や経過、共生の知恵や緑色の文化を教えてくれる。社会環境は、私たちに論理、すなわち形や逞しさを与えてくれ、開拓や結果、征服の知識や複雑な色彩の文明を教えてくれる。

私たちは、日常生活で否応なく社会環境を目にし、絶えず刺激が与えられるが、空気や水、草、木等のようにありふれている自然環境は、意識しないと感じにくい。私たちの心がけによって社会環境を変えることは可能だが、心を育んでくれる自然環境を変えることはできない。

今日、地球規模で問題になっているフロンガスによるオゾン層破壊、地球の温暖化、酸性雨、熱帯雨林の乱伐等は、私たちの心がつくり出した社会環境の公害であり、科学的文明の発展の結果つくり出された地球規模の社会問題である。

これらすべてが、私たちの心のあり方によってつくり出された科学的文明社会の結果的公害現象である。その対応策として環境行政は、科学的対処をすればよいが、人の心を培う教育行政は、自然環境のあり方、自然とともに生きる心得等、しなやかな倫理を習得できる機会と場を与えてやるべきである。これからの人づくりに大切なことは自然環境教育であり、心豊かな人が多くなれば、社会環境は改善されていく。古代からの人づくりは、まさしく自然と共に生きる、自然環境教育であったはずである。

これからの自然環境教育で必要なことは、私たちが自然と共生していくために、どういう形で自然を利用し、どういう形で次の世代に存続させていくかの理論と具体的な方法である。

3．ゆとりある個性

自然とともに生きるあり方として、「ゆとりある個性」も重要である。それがない状態では、金や物があればゆとりが生じるだろうと思いがちだが、金や物が豊富にあっても、決してゆとりは生まれてこない。私たちが物事をいろいろ感じ、行動し、思考して納得する経過がなければ、ゆとりは生まれてこない。

私がこの三〇年間の行動を通じて実感したことは、行動の後に知的欲望が湧いてくることである。無性に物事を知りたくなり、本が読みたくなり、人の話を聞きたくなる。行動をすればするほど知的欲望に駆られる。それは他人からの命令でも使命でも義務でもなく、自分の中からふつふつと沸き上がってくる意欲である。

今、個性の時代と言われているが、個性と個人性を混同している方が多いのではないかと思われる。個性とは、社会の中で認識される個人の性質、または才能のことで、個人の特質や特殊な才能を指すものである。一方、個人性とは、人間としての利己的なあり方を指す。しかし、今日では個人性が個性と間違えられて、人間としての利己的なあり方が大変強くなっている。個人性は個人そのもので、他人がいなくても存在するが、個性は、二人以上の人がいなければ存在の必要性が少ない。

個性と個人性を取り違えると、日本はとんでもない個人主義の社会になってしまう。それを取り違えないようにやっていくゆとりある個性を持つことが、「当たり前の心」を持つことになる。

（3）心を求める文明人

1．日常的信頼と愛の心

私たちは長い間「教育」という言葉を使ってきた。それは、近代的な学校教育のことであり、文字や言葉で全てが教育できると思っていた。しかし、心まではなかなか教えることができず、日常生活において大事な信頼や愛が、文字や言葉で美的、抽象的に表現されているにもかかわらず、昨今ますます分かりにくくなっている。

知識や技能を合理的に伝達する学校教育が充実すればするほど、文明人は利己的、刹那的となり、信頼と愛の心を忘れ、不信感に駆られるようになった。

心というのは精神作用のことで、信頼も愛もその作用のひとつである。信頼感とは、誰かの側にいると非常に安心、幸福、満足な気持ちになることで、それが恒常的かつ相互的になると〝絆〟である。愛とは、誰かと一緒にいたい、一緒に遊びたい、一緒にいると楽しいという素朴な気持ちで、特定の人を大切に思う感情である。

人は、幼少年時代に誰かと共にいたい、遊びたい、一緒にいると楽しいという気持ちが培われていないと、成人後に愛を育むことは大変難しい。信頼も愛の心も、絵に描いた餅ではなく、日々口にしているご飯やみそ汁、漬物のようなものなのである。

2. 心を培う時

私たちは、生き方、考え方、感じ方、物事の善悪等の価値観を身につけていないと、一人前の社会人とはいえないし、喜怒哀楽の感情か正常に培われていないと、社会生活を営み難い。そして、感動する気持ちである情操の心が十分培われていないと、日常生活に活気がなく、喜びを味わうことがなくなる。こうした心の持ち方は、文字や言葉による理屈によって育むことは至難の業である。

人生は七～八〇年と長いが、人の心の基礎が培われるのは、古代から変わらず、六歳頃から一五歳頃までである。この重要な一〇年間は、学校の義務教育のためにあるのではなく、心身の基礎を培うためにある。

明治五年に導入された学校教育は、〝発展と国家のための教育〟であった。昭和二二年以後の民主教育は、〝進学と就職のための教育〟であった。これからの二一世紀の教育は、〝安定と継続のための教育〟であることが望まれている。

3. 情緒不安定な文明人

誰もが周知のことだが、幼少年時代に仲間たちとの遊びの中で、子どもながらにも負けたら悔しい、勝てば嬉しいという思いを体験したものである。子どもは、遊びを通じていろいろな感情が湧きあがり、遊びの最中は競争心を強く持つが、終わるとより仲良く、楽しくなる。

このような喜怒哀楽の感情である情緒感は、欲望がまだ社会的ではなく、個人的な幼少年時代だと、正常に身につきやすい。

今、情緒不安定の青少年が多くなっているが、これは科学的文明社会で育った人の特徴でもある。情緒不安定な大人が多くなれば、科学的文明社会は行き詰まり、内部衰退を起こす。この情緒感は、文字や言葉、視聴覚機器を通じて培うことは難しい。

幼少年時代に、美しさ、素晴らしさ、遊ぶ技術の達人との出会い等、身近なことに感動し、かくありたいと憧れ、負けて悔しがり、勝って喜び、皆で楽しく集まり、別れ難い経験は、なんといっても五〜一〇数人での野外遊びを通してである。

4．納得する心

幼少年時代により多くの遊びをした人は、後日、理屈を学ぶことによって多くの発見をする。例えば水鉄砲を例にとると、物理の授業で圧力の原理を学ぶことによって、初めて水が力強く吹き出る理屈が理解できる。

そうか、そうだったのかと納得できた時に、人はそのことを誰かに話したくなる。自分が納得することによって他人に伝えたくなるものである。

今日の日本の四〜五〇代の人が、物事を伝えなくなってきているのは、幼少年時代の遊びを発見しないままで、まだ納得できていないからではないだろうか。二〜三〇代の、幼少年時代に野外伝承遊びをしてこなかった若い親たちが、大きな迷いの世界に入っているのは、納得するものやことがないからだ。

人類は、古代から心を豊かにさせ、生き方の納得をさせるための手段として、幼少年時代に大人の疑似体験的な野外伝承遊びをさせてきた。

そこで、野外伝承遊びの重要性を再認識し、科学的文明社会での人づくりに役立てることが必要になってきた。本来は、家庭や地域社会の伝統教育としてなされてきたが、今日では衰退しきっているので、まずは小学校教育の低中学年に取り入れることが望まれる。指導は、地域の人々ができることをすればよい。

子どもたちにとって学校が楽しくなるためにも、小学一～二年生には規則や競技性の弱い野外伝承遊びを、三～四年生には規則や競技性の強い野外伝承遊びを体験させることによって心の基礎を培うことが必要である。

（4）文明社会に必要な『田舎』

もう十数年来、関東地方に「田舎」をつくる場所を捜し求めている。

適当な場所が見つからないまま歳月が流れ、少年少女たちが社会問題を起こす度に、針のむしろに座らされている思いに駆られる。昨年からは一層せきたてられるような気持ちで捜している。

私が求めている「田舎」とは、山や川があり、田畑があって、人々の素朴な生活の営みが見られ、東京の都心から電車か車で、二時間以内で行ける場所である。

東京には田舎がない。素朴な生活のにおいのする風景もない。気軽に声をかけ合う雰囲気や微笑ましい話題もない。いや、これは、すでに日本国中至る所に共通して言えることかもしれない。

科学的文明のとりことなった大人たちは、「生きる力」の重要性、「心の教育」の必要性を叫び、今の子どもたちは自然や遊び、生活等を知らないと言う。しかし、いつの時代も「親の心、子知らず」で、子どもたちにとっては、そんなことどうでもよいことなのだ。子どもたちは、二一～三〇年後に親になることを全然自覚してはいない。

学校は、普通の親や大人が教えられない、知識や技能を身につけさせるためにできた教育制度である。生きる力や感じる心を、言葉や活字、視聴覚機器で育むことは困難だ。それらは、古代から変わることなく、家庭や地域社会の生活の現場で見覚え、感じて知ることなのである。

ところが、今日の科学的文明社会で生まれ、育つ子どもたちは、幼少の頃から生活の現場で見覚えたり、感じたりする機会と場に恵まれてはいない。その反面、学校でより多くの知識や技能をどんどん教わる。それは進級や進学、就職に必要なことが多いので、発達段階において人間的、社会的にアンバランスになりがちである。

大人にとって都合のよい、合理的な文明の利器は、子どもたちの人間的機能の発達をさまたげている。明暗や寒暖、快不快や便不便を具体的に体験しないまま育つと、人はひ弱な動物になる。

子どもたちは、今、様々な形で助けを求めている。ひ弱で不安な子どもたちの叫びか、いじめや暴力、非行、薬物乱用、窃盗、登校拒否等の非社会的現象となって現われている。

今、日本国にとって最も重要なことは、科学的文明社会に閉じ込められている子どもたちを、より早く救い出してやることだ。

この日本を再構築するには、少々時間を要しても、今日の青少年の活力と創造力が育つのを待つしかない。そのためには、早急に、親子でまたは子どもたちが、二泊三日以上の滞在型生活体験ができる施設『田舎（交友の村）』をつくることだ。心と体を育てる素朴な野外での遊びこそ、活力や創造力を豊かにする。

よく遊ぶ元気な子どもは、健康な大人に育つ。そのためにも、子どもたちには田舎が必要である。私たちが幼少年時代に体験した、素朴な遊びや生活などを見習ったことが、今の子どもにも必要なのだ。立派な教育論や合理的な知識教育だけで、人を育てることはできない。

科学的文明社会の日常生活で、いろいろな体験ができないとするならば、金と時間をかけてでも、子どもたちが見覚え、感じることができ、体験を通して人間としての生きざまを知ることのできる、機会と場をつくってやるべきだ。

その思いに駆られ、まず見本として、関東地方に「田舎」をつくる場所を捜し求めているのである。

これまでの日本人は、見本のないことを実行するのを好まなかった。しかし、これからは、あえて冒険をし、世界の手本となるような意欲や努力が必要だ。

科学的文明社会は、私たちが生活するには都合か良いが、子どもたちが育つには良い条件とは言えない。いつの時代にも子どもたちに必要なことは、自然と共に生きる生活体験である。そのことを承知している世の知恵者たちの奮起を願ってやまない。

（5）皇帝たちのいなくなった社会

いかなる時代でも、子どもたちが老人から人間性や社会性、生活の知恵を学び得ないとするならば、文化の伝承はなされず、社会の規範は薄れ、社会の活力は衰退し、これほど不幸なことはない。

1．武将と皇帝

昔、中国の武将が皇帝に尋ねたくだりがある。

「私の役目は身を楯とし、国を守るために敵と戦うことですが、皇帝のお仕事は何でしょうか」

「皇帝は社会の後継者を育むことが仕事です」

いつも都にいる皇帝に不満の多かった戦場の武将たちは、皇帝の役割を伝え聞き、自分たちの後継者が絶えることのないことを信じ、各自が精根尽くして戦い、国を守り続けたという。

これは古い時代の武将と皇帝の役割を説明した寓話だが、いつの時代にも必要な社会的役割でもある。例えば、一家の両親と祖父母の役割もこの武将と皇帝に共通している。

いかなる民族社会も、一家を支える労働者は、三～四〇代の父母が中心となっているので、両親は多忙のため子どもたちを放置しがちである。しかし、労働の第一線から身をひいた祖父母が、孫たちと共に緩やかな仕事をしたり、遊んだりしながら、共同体験を通じて、子どもたちの素養を育んだ。

子どもたちは、少年少女時代までは村や町の長老的な老人たちに、豊かな社会性、人間性や生活の知恵を学び、やがて青年期に達すると、両親を助けるべく行動を共にするか、己の道を求めて旅立つ。

一家の両親は武将で、体力と権力があり、祖父母は皇帝としての知恵と権威がある。子どもたちは、この権力と権威に守られつつ成長し、やがて後継者として立派な社会人となるのが、人類史上常に変わることのなかったことである。

ところが、今日の日本の家庭は核家族化し、祖父母がいなくなっている。また学校教育は、武将になるための知識教育が偏向し、素養を育むことをなおざりにしがちだ。そのため、今日の日本は武将があふれ、戦々恐々として利に聡く、皇帝のいない不安定な不確実性社会である。

2. 核家族の子どもたち

今日の多くの子どもは、年老いた人々と生活を共にする経験が乏しいことから、日常生活で老人から慰められ、励まされ、教えられたことがほとんどない。それどころか、会話すらしたことのない子どもさえいる。そのため、両親や兄弟姉妹からはまだ習い得ることのできない生活の知恵や包容力、親切心等を具体的に知る機会のないまま成長している。

また、老人との生活経験のない子どもたちは、腰が曲がり、指が節くれだち、肌にしみやしわの多い老人の外見的特徴を理解することなく、忌み嫌うことさえある。こんな子どもに〝お年寄りには親切に……〟と説いてみても詮無いことだ。

核家族の子どもたちの多くが知っている老人像は、活字や映像の世界の意地悪ばばや好好爺であり、脇役としての存在でしかない。

子どもたちは、老人とは何であるかを具体的に知ってはいないし、自分とのかかわりについて無関心。しかし、この子どもたちが成長し、自分の親が老人になった時どう対応すればよいのか分からないばかりか、自分が老人になった時、自分自身で対処する術または策を知らないことに気づくことになる。核家族の子どもたちは、親や自分の老後の見本を持っていない。そのため老後に様々な不和を醸すことになる。そして日常生活に皇帝としての祖父母の存在を知ることなく、単なる武将で一生を終わってしまうかもしれない。

3．現代の老人たち

この頃、広場だけでなく、児童公園やわずかな空地でも、ゲートボールと呼ばれる、ボールを槌で叩く老人用の遊びをよく見かける。また、生涯学習で開講されている教養講座に、年老いた人々の参加の多いのに驚かされる。

人間は四つ足に始まって二本足から三本足に至り、再び赤子に戻るといわれるので、年老いた人々が子どもと同じように遊んだり、学んだりすることに不思議はない。しかし、長年の生活体験と知恵を持つ人々が社会をあまり顧みることなく、子どものように日々の生活を過ごしてよいものだろうか。

二〇世紀後半の日本は、核家族が多くなると共に老人ホームの数も増えてきた。年老いた人々ばかりが営む社会は、心身ともに健全とはいえない。

これらの諸現象は、人類史上に異例なことであり、社会の継続性の面から洞察するに、必ずしも諸手をあげて賛同すべきことばかりではない。

社会の知恵者であり、権威者であるはずの年老いた人々が、自分の立場を忘れ、自信と誇りを失ったならば、社会の長老的な役目を十分に果たすことはできない。もし、この役目を果たそうとしない人々がいるとするならば、その人々は単なる年老いた存在でしかない。この頃は〝老人〟と呼ばれたくない人がいるが、老人とは、社会機構での立場を表現する呼称であり、長く生き抜いた人々への畏敬をも意味する社会的用語である。

4．皇帝たちの役目

これからの人々は、物質的な豊かさと、価値観の多様化でますますゆとりのない生活に追われる。そして、子どもたちは活字と電波による情報をもりだくさんに詰め込まれ、多忙な管理社会に順応する教育を受けて成長する。

一見快活で強健な身体を持ち、雑多な知識が泉のように湧く青少年たちは、一皮むけば孤独でもろい一面を持っている。

人生体験の豊かな老人たちが、社会の皇帝として子どもたちと接することの重要性を、今ほど求められていることはない。そこで、これからは作為的にも年老いた人々と、青少年が共同体験できる機会と場をつくる必要に迫られている。

社会を共に営む人々は基層文化を共有せねばならない。それを後継者に伝承するのは映像や言葉、文字ではなく、異年齢集団による共同体験である。子どもから老人までが、野外で共同体験をする野外文化活動こそ理想的な文化伝承の機会と場なのである。人間は、この異年齢集団の野外文化活動を有史以来繰り返してきた。そして、これからも必要なことなのである。

もし、社会の皇帝たちが、遺産を後継者たちに渡さずに去れば、私たちは貴重な財産を失うことになる。今日までの人々の知恵をなくして、二一世紀の社会を安全に営めるはずがない。

いかなる時代でも、子どもたちが老人から人間性や社会性、生活の知恵を学び得ないとするならば、生活文化の伝承はなされず、社会の規範は薄れ、社会の活力は衰退し、これほど不幸なことはない。

文化、特に生活文化は、祖父母から孫への「隔世伝承」であることは、古来変わることのない事実である。しかし残念なことに、皇帝としての老人がいなくなっている。

青少年の健全育成にとって、老人たちの役目は大変重要であり、健康で見識ある皇帝の多くなることを望んでやまない。

あとがき

政治の大事な政策は、人づくりと経済活動。しかし、金権や利権政治を続けていると、人材不足で社会の内部衰退を起こすので、人づくりを優先することに勝る政策はない。それは科学的文明社会が発展するこれからも変わることはない。

私たち日本人は、この半世紀以上も、小学一年生から自主性、主体性、積極性、個性などと言って、自己主張するようにすすめられて、個人化するように教育されてきた。

その結果、今日の日本は、「孤族の国」とか「無縁社会」などと言われるようになった。そして、孤独死一七万件以上にもなり、〝フリーター〟とか〝ニート〟と呼ばれる非社会的な人、不安や不信感によるストレスからくる心の病気である〝うつ病〟の若者や、〝生活保護者〟などが多くなっている。それに不登校の小中学生が一五万人以上もいるそうだ。また〝ひきこもり〟の人が多くなり、なんと東京都のひとつの区で八千人以上もの大人のひきこもりがいるとの報道もあった。

何より、高齢者の一人暮らしが、二〇〇五年には三八六万世帯であったが、二〇一五年には、なんと五六〇万世帯にもなり、大学の新卒者の三割、高卒者の五〇パーセント近くもが、三年以内に就職先を退職するようになっている。

その他には、JR北海道や大手銀行、福島の原発汚染水漏れ、有名レストランなどの食材偽装表示、詐欺的商法、そして政治家の金銭問題、公務員の不正行為など、日本人の公徳心の低下により、多くの社会的問題が発生している。

今日の日本人の関心事は、詐欺的金儲け（金儲けはいつの時代もそうだが）。それ以外は、①食べること、②ファッション、③スポーツ、④レクリエーション、⑤学力などだそうだ。日本国への大義を重んずる、社会人準備教育としての人間力（教養、精神力、防衛体力など）向上などには、あまり関心がないようだ。

このような非社会的現象を放置したり、自己責任で片付けたりしては、より良く改善されることはないので、後ればせながら文部科学省が、平成二三年から完全実施した新学習指導要領で、〝体験活動の充実〟を示された。また、令和二（二〇二〇）年に改訂された学習指導要領では、学校、地域、家庭が連携して行なう体験活動を通じて、地域の子どもを健全に育成することになった。

それには、少年期に生活文化を身につけられる、見習い体験的学習活動（体験活動）のできる、異年齢の集団活動の機会と場が最善なのである。

人は一人では生きづらいので、人を結びつける絆が必要。その人を結びつけてより良い社会を築く方法が、少年期に必要な異年齢の集団活動である。

社会生活を営むに最も必要な社会性は、冒険心旺盛な少年期に群れ遊ぶ集団活動によって培われる。

人生にはいいことと悪いことがないまぜにあるが、いずれにしても、行動しないことよりも行動の結果に対しては納得しがちである。

人が学習する上で大事なことは、まずは好奇心をもつこと。そして行動して結果を確認して感動し、他人への伝え方を工夫し、社会的使命を果たせば、満足感と幸福感とを得て成長する。

私たちにとって、悪いだけの人生はない。行動の結果に納得し、正当に自己認識すればより良く成長し大きくなれる。その具体的な教育方法が野外文化活動、すなわち野外文化教育なのである。

〝人づくり意識革命〟の中心課題である「野外文化教育」にかかわる拙著について、読者諸兄のご批判を乞う。

令和四年六月五日　於：杉並区今川

【出典一覧表】

Ⅰ・人づくり意識革命

1　新しい社会人準備教育

青少年教育と野外文化　『野外文化 第八二号』（昭和六一年六月二〇日）巻頭
野外文化教育のあり方　『野外文化 第二三三号』（令和四年四月二〇日）巻頭
人づくり意識革命　『野外文化 第一二八号』（平成六年二月二一日）巻頭
教育人類学的教育改革　『野外文化 第一四四号』（平成八年一〇月二五日）巻頭
四〇・五〇代からの教育改革　『野外文化 第一四七号』（平成九年四月一八日）　巻頭
人づくりは安全な食物から　『野外文化 第一一六号』（平成四年二月二〇日）巻頭
『平成の改革』のすすめ　『野外文化 第一一五号』（平成三年一二月二〇日）巻頭
二一世紀の新しい教育観　『野外文化 第一六〇号』（平成一一年六月一八日）巻頭
新人教育の新しい方向性　『野外文化 第一〇七号』（平成二年八月三〇日）巻頭
少年が父になるために　『野外文化 第一五九号』（平成一一年四月二〇日）巻頭
エリートになるための必要条件　『野外活動 第四六号』（昭和五五年六月二〇日）巻頭
グリーンアドベンチャー・新しい野外文化　『ZIGZAG 第二三号』（昭和五〇年五月二六日）巻頭
犯罪防止に体験活動を　『野外文化 第一九七号』（平成二〇年八月二九日）巻頭

自己防衛能力の開発　『野外活動 第七〇号』（昭和五九年六月二五日）巻頭

2　公教育と生活体験

ポスト近代《モダン》教育とは　『野外文化 第一四三号』（平成八年八月二六日）巻頭
公教育に必要な生活体験　『野外文化 第一九一号』（平成一八年一〇月二四日）巻頭
教育の手段を目的とするなかれ　『野外文化 第一六五号』（平成一二年四月二〇日）巻頭
人類が伝えること　『野外文化 第一九二号』（平成一九年一月二二日）巻頭
文化としての道徳心　『野外文化 第二二八号』（令和元年一〇月一八日）巻頭
少子高齢化社会の泥棒たち　『野外文化 第一五六号』（平成一〇年一〇月二六日）巻頭
文化としての離合集散　『野外文化 第一九八号』（平成二一年一月二〇日）巻頭
少年期に必要な集団化　『野外文化 第二〇四号』（平成二三年一月二〇日）巻頭
十日間の学校外教育制度の導入　『野外文化 第一六四号』（平成一二年二月一八日）巻頭
人間は個人化より先に社会化を　『野外文化 第二一九号』（平成二八年一月二〇日）巻頭

3　これからの教育

野外文化活動に関するお願い　『野外活動 第四五号』（昭和五五年四月一九日）巻頭
新日本人からの提言　『野外活動 第四八号』（昭和五五年一〇月二五日）巻頭
母系社会の男たち　『野外活動 第五三号』（昭和五六年八月二六日）巻頭

Ⅱ・子どもたちを救え

1　少年教育の革命

2　少年教育は予防対応

少年教育の基本は予防対応　『野外文化 第二一四号』（平成二六年四月二二日）巻頭
少年期に総合的体力を　『野外文化 第二二五号』（平成三〇年四月二〇日）巻頭
知恵者たちの青少年教育　『野外文化 第一四五号』（平成八年一二月二〇日）巻頭
野外伝承遊びは人づくり　『野外文化 第一六三号』（平成一一年一二月二〇日）巻頭
防災訓練としての〝かち歩き〟　『野外文化 第一二一号』（平成四年一二月一八日）巻頭
少年教育と暗闇体験　『野外文化 第一九三号』（平成一九年四月二〇日）巻頭
健康であるためには　『ZIGZAG 第二七号』（昭和五一年五月一〇日）巻頭
少年教育に望むこと　『野外活動 第五五号』（昭和五六年一二月一五日）巻頭
ぞうりをはいた子どもたち　『野外活動 第六七号』（昭和五八年一二月二〇日）巻頭
社会の素養を育む野外文化活動を　『野外活動 第六九号』（昭和五九年四月二〇日）巻頭
子どもの遊びの形態と文化的特徴　『野外文化 第八四号』（昭和六一年一〇月二五日）巻頭
われらは生きている　『野外文化 第一七一号』（平成一三年一〇月一〇日）巻頭

Ⅲ・科学的文明社会への対応

1　科学的文明時代

ボーダレス社会の文化　『野外文化 第一一〇号』（平成三年二月二〇日）巻頭
科学的文明社会と義務教育　『野外文化 第二一八号』（平成二七年八月二五日）巻頭

ＩＴ・ＡＩ時代に対応する少年教育　『野外文化 第二三一号』（令和三年四月二二日）
生涯学習社会の精神的貴族　『野外文化 第一三一号』（平成六年八月二九日）巻頭
われら素晴らしき人間　『ZIGZAG 第二二号』（昭和五〇年二月一五日）巻頭
戦後一世の本質　『ZIGZAG 第三三号』（昭和五二年一〇月一〇日）巻頭
そろばんとはしは無用か　『ZIGZAG 第三四号』（昭和五三年二月一〇日）巻頭
通じなくなった日本語① 奉仕とボランティア　『ZIGZAG 第三七号』（昭和五三年一二月九日）
通じなくなった日本語② バカと馬鹿の違い　『ZIGZAG 第三八号』（昭和五四年二月二六日）
通じなくなった日本語③ 親切って何だい　『ZIGZAG 第四〇号』（昭和五四年六月二二日）巻頭
通じなくなった日本語④　親友・友人・知人・フレンド　『野外活動 第四一号』（昭和五四年八月三〇日）巻頭
通じなくなった日本語⑤　おはよう　『野外活動 第四二号』（昭和五四年一〇月二七日）巻頭
愛と優しさの戦い　『野外活動 第四九号』（昭和五五年一二月一五日）巻頭

2　孤独な文明人

忘れられていた教育　『野外文化 第一四一号』（平成八年四月一九日）巻頭
当たり前の心　『野外文化 第一三五号』（平成七年四月二〇日）巻頭
心を求める文明人『野外文化 第一五二号』（平成一〇年二月二〇日）巻頭
文明社会に必要な『田舎』　『野外文化 第一五五号』（平成一〇年八月二〇日）巻頭
皇帝たちのいなくなった社会　『野外活動 第七一号』（昭和五九年八月二七日）巻頭

【著者】

森田勇造（もりた　ゆうぞう）

昭和15年高知県宿毛市生まれ。昭和39年3月東京農業大学卒。
昭和39年以来、世界（142カ国）の諸民族の生活文化を踏査し続ける。同時に野外文化教育の研究と啓発、実践に努め、青少年の健全育成活動も続ける。元国立信州高遠少年自然の家所長。元国立大学法人東京学芸大学客員教授、元公益社団法人青少年交友協会理事長。現在、野外文化研究所所長、野外文化教育学会顧問、博士（学術）、民族研究家、旅行作家、民族写真家。平成24年旭日双光章叙勲。

〈主要著書〉
『これが世界の人間だ―何でもやってやろう―』（青春出版社）昭和43年、『未来の国オーストラリア』（講談社）昭和45年、『日本人の源流を求めて』（講談社）昭和48年、『ユーゴスラビア』（講談社）昭和48年『遥かなるキリマンジャロ』（栄光出版社）昭和52年、『世界再発見の旅』（旺文社）昭和52年、『わが友、騎馬民』（学研）昭和53年、『日本人の源流』（冬樹社）昭和55年、『シルクロードに生きる』（学研）昭和57年、『「倭人」の源流を求めて』（講談社）昭和57年、『秘境ナガ高地探検記』（東京新聞社）昭和59年、『チンギス・ハンの末裔たち』（講談社）昭和61年、『アジア大踏査行』（日本文芸社）昭和62年、『日本人からの出発』（日本教育新聞社）平成元年、『天葬への旅』（原書房）平成3年、『シルクロードのひみつ』（講談社）平成4年、『ユーラシア二一世紀の旅』（角川書店）平成6年、『野外文化教育入門』（明治図書）平成6年、『アジア稲作文化紀行』（雄山閣）平成13年、『地球を歩きながら考えた』（原書房）平成16年、『野外文化教育としての体験活動―野外文化人のすすめ―』（三和書籍）平成22年、『写真で見るアジアの少数民族』Ｉ～Ｖ（三和書籍）平成23年～24年、『逞しく生きよう』（原書房）平成25年、『ガンコ親父の教育論―折れない子どもの育て方―』（三和書籍）平成26年、『ビルマ・インパール前線　帰らざる者への追憶―ベトナムからミャンマー西北部への紀行―』（三和書籍）平成27年、『日本人が気づかない心のDNA－母系的社会の道徳心－』（三和書籍）平成29年、『私がなぜ旅行作家になったか』（幻冬舎）平成30年、『チンドウィン川紀行』（三和書籍）平成30年、『大嘗祭の起こりと神社信仰』（三和書籍）令和元年、『大嘗祭の本義―民俗学からみた大嘗祭』（三和書籍）令和元年、『不確実な日々』（新潮社）令和2年、『稲作文化の原郷を訪ねて』（三和書籍）令和3年。

人づくり意識革命
――科学的文明社会に対応する野外文化教育――

2022年　9月28日　第1版第1刷発行

著　者　森　田　勇　造

発行者　高　橋　考
発　行　三　和　書　籍

〒112-0013　東京都文京区音羽2-2-2
電話 03-5395-4630　FAX 03-5395-4632
sanwa@sanwa-co.com
https://www.sanwa-co.com
印刷／製本　中央精版印刷株式会社

乱丁、落丁本はお取替えいたします。
定価はカバーに表示しています。
ISBN978-4-86251-480-6 C0037